WIENER GESCHICHTSBÜCHER

herausgegeben von

Dr. Peter Pötschner

Landeskonservator für Wien

Band 18

GÉZA HAJÓS

SCHÖNBRUNN

Mit 23 Kunstdruckbildern
und 7 Textabbildungen

PAUL ZSOLNAY VERLAG
WIEN · HAMBURG

Umschlag und Einband: Doris Byer Bernatzik
Druck und Bindung: Wiener Verlag, Himberg bei Wien
Printed in Austria
ISBN 3-552-02809-9

INHALT

VORWORT

Das Schloß Schönbrunn stellt nicht nur für Wien, sondern für ganz Österreich ein Denkmal ersten Ranges dar. Neben der historischen Bedeutung besitzt es aber auch eine aktuell lebendige. Die Anlage spielt nicht nur als Kunstdenkmal und historische Gedenkstätte im weitesten Sinn des Wortes, sondern auch als Erholungsraum und nicht zuletzt als Schauplatz politischer Repräsentationsereignisse eine außerordentlich wichtige Rolle. Schon in den vergangenen Zeiten, als das Schloß bevorzugter kaiserlicher Sommersitz war, wurde es oft abgebildet und mehrfach ausführlich beschrieben. Gegen Ende des 19. Jahrhunderts, in der späten Phase des Historismus, erwachte auch das wissenschaftliche Interesse für die Schönbrunner Anlage; dies fällt überhaupt mit dem Interesse für den Barock zusammen, dessen künstlerische Ausdruckskraft neu entdeckt wurde.

Ein bemerkenswertes Beispiel für künstlerisches Interesse an der Schönbrunner Anlage ist das „Artibus-Projekt" Otto Wagners aus dem Jahr 1880. Dieser nicht ausgeführte Idealplan für einen Museumsbezirk zeigt, daß der noch dem Historismus verpflichtete junge Architekt die Schönbrunner Anlage und auch die dazugehörigen Pläne genau studiert hatte.

Im Jahr 1882 erschien ein prächtig illustriertes Werk über die „Palastbauten des Barockstyls in Wien" — der Autor George Niemann war Architekt —, und bald darauf die wissenschaftliche Monographie Albert Ilgs über Fischer von Erlach, in der Schönbrunn natürlich ausführlich behandelt wurde[1]. Es gibt verschiedene Arten, an ein Objekt wie Schönbrunn wissenschaftlich heranzugehen. Eine kritische Bestandsaufnahme des Schlosses, seiner Ausstattung und der dazugehörigen sonstigen Baulichkeiten, wie sie sich — allerdings lückenhaft und veraltet — in dem bereits 1908 erschienenen zweiten Band der Österreichischen Kunsttopographie findet, ist die eine Möglichkeit; eine kunsthistorische Monographie des Bauwerkes stellt die andere dar: dieser wurde in der Darstellung Oskar Raschauers mit archivalischer Genauigkeit wenigstens für die ältere Baugeschichte Genüge getan[2]. Eine weitere Möglichkeit ist die Abfassung einer ausführlichen Chronik über Schloß und Garten: eine solche wurde 1969 vom ehemaligen Schloßhauptmann Joseph Glaser veröffentlicht[3].

Das vorliegende Buch möchte das Kunstdenkmal Schönbrunn in seinem historischen Wachstum darstellen und dabei kultur- und kunstgeschichtliche Probleme aufgreifen, die von allgemein geistesgeschichtlicher Bedeutung sind. Daß dabei die Forschungsergebnisse Raschauers, Glasers und vieler anderer Autoren herangezogen wurden, ist selbstverständlich. Dem Herausgeber, Landeskonservator Dr. Peter Pötschner, möchte ich für den Auftrag und für freundliche Beratung herzlich danken. Meine Danksagung gilt auch Frau Dr. Ruth Kestranek-Varda für ihre liebenswürdige Mitarbeit am Manuskript.

Géza Hajós

DIE KATTERBURG

Das Gelände zwischen Meidling und Hietzing, wo sich jetzt die große Parkanlage und die verschiedenen Gebäude des ehemals kaiserlichen Lustschlosses Schönbrunn befinden, zeigte im Mittelalter ein vollkommen anderes Bild. Den Flachhang des Schönbrunner „Berges" bedeckten Wälder und Wiesen; nicht weit vom Ufer des Wienflusses befanden sich Äcker und Obstgärten. Die Kraft des Flüßchens nützten einige Mühlen: eine davon, etwas größer als die anderen, erscheint schon seit dem 14. Jahrhundert in den urkundlichen Quellen, sie wird als „Kattermühle" bezeichnet[4]. Zu dieser Mühle gehörten ein Wirtschaftshof mit Meierei und Nebengebäuden sowie eine kleine Befestigung, die, zwischen Mühlbach und Wienfluß errichtet, das ganze Anwesen zu schützen hatte; deswegen wurde dieses seit dem Anfang des 14. Jahrhunderts auch „Katterburg" genannt. Die Wirtschaft Katterburg gehörte zum Besitztum des Klosterneuburger Stiftes, wurde aber immer wieder verpachtet, so daß schließlich im 16. Jahrhundert Streitereien bezüglich des Eigentumrechtes entstanden.

Seit 1548 wurde die Katterburg vom Wiener Bürgermeister Hermann Bayer bewirtschaftet, der hier viel gebaut und die Anlage wesentlich erweitert hat. Zu dieser Zeit wurde aus dem Meierhof ein Herrensitz. Neben dem neuerbauten stattlichen Haus entstanden auch ein Lust- oder Baumgarten und ein Weingarten. Nach dem Tod Bayers brach zwischen dem Vormund seiner Töchter und dem Kloster ein Streit aus, weil das Gut vertragsgemäß wieder an das Stift zurückfallen sollte. Im

Verlauf der Verhandlungen kam es zu einer überraschenden Wendung, als Kaiser Maximilian II. Kaufabsichten äußerte. Der Vormund von Bayers Töchtern und das Klosterneuburger Stift einigten sich rasch, und der Kaiser erwarb die Katterburg um 4150 Gulden. Dieser hohe Preis — der vom Stift gegen die Erben Bayers angefochten wurde — war durch die Verschönerung des Besitzes begründet.

Mit dem Kaufvertrag von 1569 beginnt die eigentliche Geschichte von Schönbrunn; von diesem Zeitpunkt gehörte dieses Gut — zuerst nur mit der näheren Umgebung — dem Herrscherhaus, womit der Ort in der Geschichte des Landes eine zunehmende Bedeutung erhielt.

Maximilians Interesse galt vor allem dem neugegründeten Tiergarten, dessen Zentrum die alte Katterburg wurde. Auf des Kaisers Befehl wurde zwischen 1569 und 1573 ein großes Areal eingeplankt und ab 1574 zur Haltung heimischen Jagdwildes bestimmt. Zur Pflege des Gartens wurde am Ostermontag 1570 in einem eigenen Dekret ein Gärtner bestellt und diesem aufgetragen, „daß er im Garten vleissig sey und denselben aufs zierlichst, lustigiste, pesste und seuberist erhalte“[5]. Im Katterburger Tiergarten wurden ein Fasangarten, ein Geflügelhof mit Pfauen, Hühnern, Enten und den damals noch als exotisch geltenden Truthühnern sowie mehrere Fischteiche angelegt. Der Kaiser bestand auf einer gewissen Systematik bei der Anlage des Tiergartens und ließ auch die Gebäude der Katterburg erweitern. Das humanistische Interesse des Kaisers für die systematische Pflege wilder Tiere und Pflanzen — hinter der Katterburg wurde der Baumgarten erneuert — trug dazu bei, daß das Gartenareal von Schönbrunn in der Entwicklung der heimischen Naturwissenschaften später eine bedeutende Rolle spielen konnte.

Nach der historischen Überlieferung hing Kaiser Maxi-

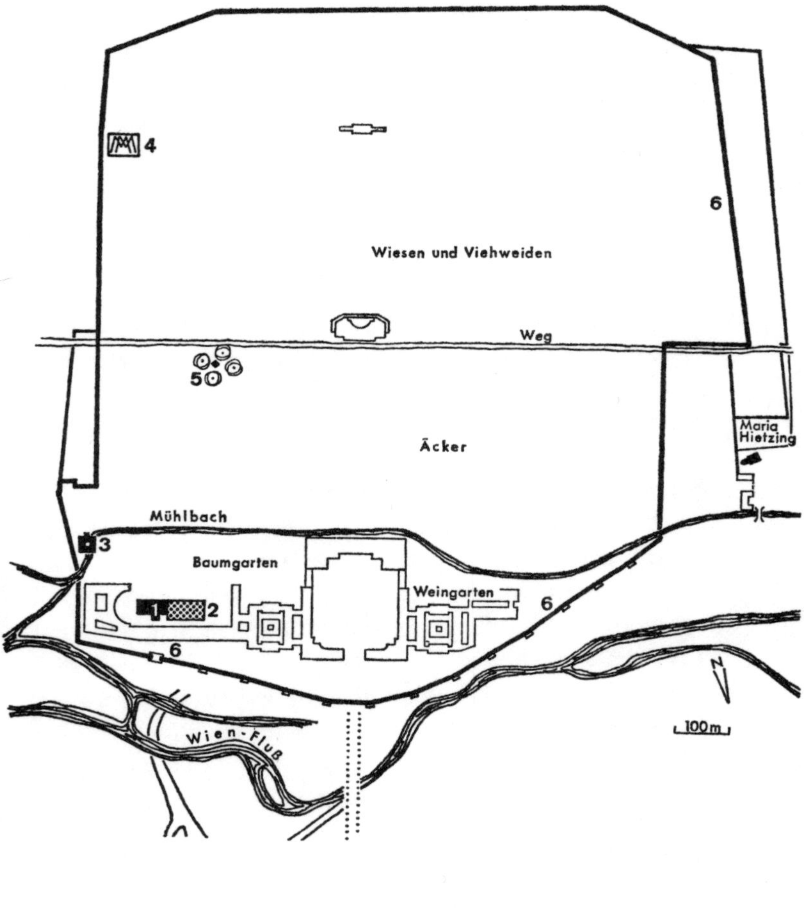

Schematische Darstellung der älteren Anlagen zu Schönbrunn um 1670

Nach älteren Plänen und der Beschreibung im Kaufvertrag von 1569

1 Herrenhaus (Katterburg)
2 Lusthaus der Eleonora Gonzaga
3 Kattermühle (später königliche Mühle) im Bereich des ehem. Gutshofes
4 Quellenstein des Kaisers Matthias, um 1615
5 Der Schöne Brunnen
6 Tiergartenmauer mit Toranlage und Kreuzwegstationen

milian sehr an Wien und besonders an der Katterburg. Er soll noch auf dem Totenbett in Regensburg gesagt haben: „... wir werden nimber gen Khadterburg faren“[6]. Die Katterburg scheint also in den weitreichenden, wenn auch meist unausgeführten Plänen des Kaisers eine Rolle gespielt zu haben, ebenso wie das Neugebäude und das Schloß in Ebersdorf. Maximilian wollte aus Wien das geistige Zentrum der gesamten Welt machen. Diese utopischen Vorstellungen konnte er nicht verwirklichen, doch hat er auf dem Gebiet der Naturwissenschaften für seine kaiserliche Residenz einiges geleistet[7]. Von ihm hat Ranke gesagt: „Eben traten die Studien der Natur auf den Weg der Erfahrung ein; er trieb sie in seinen Gärten“[8]. Jedenfalls ist Maximilian II. als der Begründer der Schönbrunner Anlage anzusehen.

Auch unter Kaiser Rudolf II. wurde die Katterburg nicht vernachlässigt. Die Tierbestände wurden in mancher Hinsicht vermehrt und die Pflege verbessert. Rudolf hat sich hier allerdings nur einmal aufgehalten, und zwar 1577, bald nach der Thronbesteigung. 1605, beim Einfall der Ungarn unter der Führung des Fürsten Bocskay, erlitt die Katterburg arge Schäden, die erst ab 1614 unter Kaiser Matthias wieder ausgebessert werden konnten. Eine romantische Sage weiß zu berichten, daß der Kaiser bei einer Jagd in den umliegenden Wäldern den „schönen Brunnen“ entdeckt habe; dies führte zur Annahme, damals sei ein neues Jagdschloß errichtet worden[9]. Es ist aber viel wahrscheinlicher, daß in dieser Zeit — also im zweiten Jahrzehnt des 17. Jahrhunderts — das maximilianische Jagdhaus renoviert wurde. Erwiesen ist dagegen, daß das Wasser der neuentdeckten Quelle am kaiserlichen Hof schon 1622 besonders hochgeschätzt wurde, obwohl der Name „Schönbrunn“ erst zwei Jahrzehnte später in den schriftlichen Quellen auftaucht.

In der Zeit Kaiser Ferdinands II. spielte die Katterburg

in der Hofhaltung eine wachsende Rolle, da sie zum Sommersitz der Kaiserin Eleonora Gonzaga ausersehen wurde, die hier ihrer Jagdleidenschaft frönen konnte. Eleonora erhielt nach dem Tod Ferdinands II. im Jahr 1637 die Katterburg als Witwensitz. Auf ihre Initiative entstand in den Jahren 1642 und 1643 ein neues Lustschloß, „so auf Italienische Manier angeleget, von dreyen Geschoß hoch gebauet". In dem Gebäude, dessen Architekt unbekannt ist, fanden sich „unterschiedene, mit kostbaren Gemählden gezierte Gemächer und ein langer Saal". Auch wurde ein neuer Lustgarten angelegt, in dem es lange Gänge, Spielanlagen und exotische Gewächse gab.
Eine Ansicht in Georg Matthäus Vischers Topographie von Niederösterreich vergegenwärtigt den Zustand der Anlage im Jahr 1672. Das Blatt, betitelt „Der khaiserliche Lust und Thiergarten Schenbrunn", ist die einzige bis heute bekanntgewordene Darstellung des Jagdschlosses der Eleonora Gonzaga. Im Vordergrund sieht man den Wienfluß und die breite Uferstraße, dahinter die Gartenmauer mit einem prächtigen Portal. In der Mauer befinden sich Nischen für die Kreuzwegstationen, die jedoch erst später zur Zeit der verwitweten Kaiserin Eleonora Maria errichtet worden sind. Hinter der Mauer ist ein dichter Baumbestand zu sehen, wahrscheinlich der Lustgarten. In der Gebäudegruppe ist die alte Katterburg mit dem Turm und der neue Trakt mit drei Geschossen und sechzehn Fensterachsen zu erkennen. Der neue Trakt hat ein steiles Dach und eine schmucklose Fassade, die schmale Westfront ist durch Vorbauten bereichert. Wahrscheinlich hat Vischer bei der Wiedergabe gewisse Vereinfachungen vorgenommen; die Fassade dürfte wohl etwas prunkvoller gewesen sein. Auf dem Stich läßt sich überdies der damalige Umfang des Schönbrunner Waldareals erkennen. Die Gartenmauer umfaßte den ganzen Schönbrunner „Berg", ein Gebiet,

annähernd so groß wie die heutige Parkanlage. Den Grundriß des Tiergartens zeigt ein Lageplan aus der Zeit der Belagerung Wiens durch die Türken im Jahr 1683. Die schöne, reiche und kunstliebende Fürstin Eleonora Gonzaga schuf in Schönbrunn ein Lustschloß, das den Anforderungen einer glanzvollen Hofhaltung in jeder Hinsicht entsprechen mußte. Der Schöne Brunnen wurde zu dieser Zeit zu einer großen Sehenswürdigkeit. Über der zwischen vier Linden entspringenden Quelle wurde eine Marmorfigur aufgestellt, die Quellennymphe, aus deren Brüsten das Wasser hervorquoll.

Das Schönbrunner Jagdschloß war bis zur Türkenbelagerung Witwensitz zweier Kaiserinnen und Schauplatz prunkvoller Feste, besonders in der Zeit der Kaiserin Eleonora Maria, der dritten Gemahlin Kaiser Ferdinands III. und Mutter Kaiser Leopolds I., einer starken Persönlichkeit von eigenartiger Zwiespältigkeit. „Sie zerrte sich seltsam zwischen Bußen und Sünden. Fast eine Heilige und doch mit demselben Durst nach den Lüsten des Lebens, bald mystisch verzückt im Gebet auf blutenden Knieen, bald in die Freuden der Welt verstrickt... Die Kirche hatte ihr kaum weniger zu danken als die Mode, die Jagd, das Ballett. Sie hat sich mit gleicher Leidenschaft um die Jesuiten wie um die Falkner aus Mastricht, englische Jagdhunde und die Schönbrunner Schäferspiele verdient gemacht"[10]. Schönbrunn war unter ihrer Obhut zu einer wichtigen Sommerresidenz geworden; von hier hielt Kaiser Leopold I. nach der Rückkehr von der Krönung zu Frankfurt seinen festlichen Einzug in Wien. In den Jahren vor der Türkenbelagerung fanden in Schönbrunn zahlreiche Theateraufführungen statt, für die Lodovico Burnacini die Dekorationen entwarf.

Zwischen dem 13. Juli und dem 12. September 1683 wurde der Lustort Schönbrunn von den Türken arg verwüstet. Im Bericht der Hofkammer an den Kaiser heißt

Aus G. M. Vischers *Topographia Archiducatus Austriae inf. Modernae*, 1672

es, daß „das Holtz im Tiergarten zu Schönbrunn vom Erbfeindt ganz niedergehaut, und kaum etlich stamb aufrecht gelassen worden“. Die Tiere waren getötet, der Brunnen vernichtet, die Gebäude in Brand gesteckt worden. Die Ära der alten Katterburg war zu Ende.
Reparaturen, die hier in den achtziger Jahren noch vorgenommen wurden, führten zu keiner Wiederbelebung Schönbrunns. Es war offenbar notwendig, die Zukunft dieses Lustortes neu zu überdenken und grundsätzlich neue Pläne zu fassen.

DAS UTOPISCHE SCHLOSS

Fischers erstes Projekt

Es steht nicht genau fest, wann Kaiser Leopold I. den Plan gefaßt hat, an der Stelle des verwüsteten Schönbrunner Jagdschlosses, das seit dem 6. Dezember 1686, nach dem Tod Eleonora Marias, in seinen Besitz übergegangen war, eine neue, repräsentative Schloßarchitektur bauen zu lassen, doch ist sicher, daß von Anfang an der Architekt Johann Bernhard Fischer von Erlach mit diesem Projekt beauftragt war. Zur Zeit der siegreichen Feldzüge gegen die Türken in Ungarn wurden die kaiserlichen Lustschlösser in der Umgebung Wiens erneuert und nach verschiedenen Gesichtspunkten weiter ausgebaut. Während zum Beispiel die kaiserliche Favorita auf der Wieden, die von Lodovico Burnacini völlig umgestaltet wurde, vor allem für Opern- und Theateraufführungen dienen sollte, schätzte man am kaiserlichen Hof die Möglichkeit, in Schönbrunn in der Nähe der Residenzstadt dem Jagdvergnügen nachgehen zu können. Die ausgedehnten Hietzinger Wälder und der flache Hang des Schönbrunner „Berges" boten einen angenehmen und würdigen Rahmen für ein Barockschloß mit einem Prunkgarten.
Die spärlichen archivalischen Angaben lassen die Entstehung des ersten — unausgeführten — Bauprojektes (in der wissenschaftlichen Literatur oft als „Schönbrunn I" bezeichnet) im dunklen. Nur durch die Dokumentation späterer Jahre sind wir davon unterrichtet, daß ursprünglich an eine viel großzügigere Anlage ge-

dacht war, als sie die spätere Ausführung darstellt. Die Idee, auf dem Schönbrunner Schloßberg, wo heute die Gloriette steht, eine Riesenarchitektur zu errichten, stammt von dem um 1687 von Rom in seine Heimat zurückgekehrten und schon damals anerkannten Architekten Fischer von Erlach. Es ist allerdings möglich, daß es sich bei diesem Entwurf nur um eine Idealarchitektur handelt, mit der Fischer dem Kaiser seine Fähigkeiten darlegen wollte. Dafür scheinen mehrere Tatsachen zu sprechen. Vor allem ist bis heute noch nicht eindeutig festgestellt worden, für wen dieses unausgeführte Projekt eigentlich bestimmt war. Daß die repräsentative Schloßanlage für den jungen Römischen König Joseph geplant war[11], ist unwahrscheinlich, da dieser zur Zeit der Entstehung des ersten Projektes als zehn- oder zwölfjähriges Kind noch fast keinen Hofstaat hatte, und in der Legende zu diesem Plan, der allerdings erst 1721 in der „Historischen Architektur" Fischers publiziert wurde, die Rede von einer *Vénérie Imperiale* ist[12]. Jedenfalls mußte der Architekt den zwischen 1688 und 1690 entstandenen repräsentativ formulierten Plan dem Kaiser vorlegen, und was er tatsächlich erreichte, verdankt er vermutlich gerade dieser Vorstellung: daß er nämlich 1689 als Josephs Lehrer in „Civil-Architectur" angestellt wurde. Es ist aber auch möglich, daß das erste Schönbrunner Projekt, das eine außerordentliche kultur- und kunstgeschichtliche Bedeutung hat, mit der Krönung Josephs zum Römischen König im Jahr 1690 in Verbindung steht, als propagandistische Illustration eines aufgehenden Imperiums. Mangels weiterer historischer Quellen wird man hier keine eindeutige Antwort geben können. Man wird aber mit großer Wahrscheinlichkeit die Entstehung des bedeutungsvollen Planes in die angegebene Zeitspanne datieren dürfen, da diese beiden Ereignisse eine solche Idee entscheidend herausgefordert haben können.

Die Legende des Stiches in der „Historischen Architektur"[13] gibt dazu Aufschluß. Es heißt dort: *Premier projét que l'auteur a formé pour placer la Vénérie Imperiale sur la hauteur de Schönbrunn afin de profiter d'un coté des terrasses et des cascades, aussi bien que de ménager pour l'avenue de l'autre côté vers Hezendorf le Parc, qui a fait ci-devant les délices de la Cour, découvrant à perte de vue la Ville de Vienne avec les frontières de l'Hongrie.* In diesem Text versuchte Fischer Sinn und Zweck einer Idee zu erklären, derzufolge große Schloßanlagen nicht im Tal, sondern auf der Berghöhe gebaut werden sollten. Der Architekt dachte damals an die künstlerische Gestaltung des Berghanges, an eine Abfolge von Terrassen und Kaskaden, deren kulissenhafte Prunkentfaltung zur Erhöhung der Wirkung des Bauwerkes beigetragen hätte. Die Ebene hinter dem Schönbrunner Berg wollte Fischer zur Ausgestaltung eines Gartens nach französischer Manier benützen, weil hier der Blick in die Weite reicht, über die Stadt Wien bis zu den Grenzen Ungarns.
Das Schloß hätte auf der Höhe des kleinen Berges Platz finden sollen, ein Gedanke, der als geradezu revolutionär bezeichnet worden ist[14]. Die Berglage eines Lustschlosses ist jedoch im 16. und 17. Jahrhundert nicht so selten, wie manchmal angenommen wird. Alle Gartenschlösser dieser Zeit waren in mehr oder weniger ausgeprägter Form zur Beherrschung der umgebenden Landschaft bestimmt. Wo eine Anhöhe bestand, wurde diese für architektonische Zwecke genützt. Auch die beiden Entwürfe für Versailles berücksichtigen die dort allerdings geringeren und daher weniger wirkungsvollen Abstufungen des Terrains. Sowohl Le Vau als auch Jules Hardouin Mansart wollten dem Beschauer ihre Gartenfassaden in leichter Untersicht präsentieren.
Das von Mansart in den Jahren 1678 bis 1689 erweiterte Versailler Schloß zeigt in prinzipiellen Dingen Ähnlich-

keiten mit Schönbrunn I, vor allem was das Verhältnis zwischen Architektur und architektonisch gestalteter Umgebung betrifft. Beide Werke sind einem überdimensionierten, man könnte sagen megalomanen System verpflichtet, das die „untergebene" Landschaft zu erdrücken scheint. Während aber das Versailles von Mansart eine monoton gegliederte Hauptfront aufweist, die fast unendlich in die Breite gezogen ist, wollte Fischer diese Riesenproportionen anders bewältigen: er zog die Flügelbauten — die, mit einem inneren Hof, ebenfalls U-förmig gestaltet wurden — vom Mitteltrakt in einem stark konkaven Bogen nach vorn, so daß vor dem Haupteingang des Schlosses ein runder Hof mit einem großen Bassin entstand. Die konkave Fassadengestaltung ist aller Wahrscheinlichkeit nach von Berninis zweitem Louvre-Projekt von 1665 inspiriert, das zwar nie ausgeführt, von den Zeitgenossen jedoch heftig diskutiert wurde[15]. Durch diese wahrhaft barocke Idee — raumhafte Aufgliederung der Hauptfront durch weich eingeschwungene Trakte — wurde die auf den ersten Blick monoton wirkende Riesenanlage mit der künstlichen Landschaft, nämlich dem durch Terrassen und Kaskaden aufgelockerten Berghang, in eine harmonische Einheit gebracht und durch diese Dynamisierung des Baukörpers ein lebendiges Verhältnis zwischen Architektur und Umgebung hergestellt.
Für die Wahl des Ortes gibt es aber noch ältere Vorbilder, die dem Autor des ersten Schönbrunner Projektes vorgeschwebt sein müssen. So kann man vor allem die italienischen Villenbauten des 16. und 17. Jahrhunderts zum Vergleich heranziehen, wo die künstlerische Wirkungsmöglichkeit eines Berghanges oft ausgenützt wurde. Von den zahlreichen Beispielen sei hier nur eines genannt: die Villa Sacchetti del Pigneto bei Rom, von Pietro da Cortona in den Jahren 1626 bis 1636 erbaut[16]. Dieses Bauwerk gehört zu den wichtigsten architektoni-

schen Frühwerken des Künstlers und wurde noch im späten 18. Jahrhundert sehr geschätzt[17]. Nicht die Proportionen, sondern das Treppensystem der Gartengestaltung und die geschwungenen Nebenflügel verbinden dieses kleine Bauwerk mit der geplanten Schönbrunner Riesenanlage. Pietro da Cortona muß auf Fischer einen größeren und unmittelbareren Einfluß ausgeübt haben, als man bis jetzt annahm[18]. Cortonas Vorbilder waren vor allem die Villenbauten Palladios (dessen unmittelbare Einwirkung sich im Fall der beiden überkuppelten Eckbauten von Schönbrunn I bemerken läßt), aber auch Bramantes Belvedere im Vatikan und nicht zuletzt die Ruinen in Palestrina bei Rom, dem antiken Praeneste. Für die Restaurierung des Fortunatempels fertigte Cortona 1636 ausführliche Projekte an, die der junge Fischer von Erlach in Rom kennengelernt haben dürfte. Die Terrassenanlage Schönbrunns ist nämlich von diesem antiken Tempel wie auch von den zeichnerischen Rekonstruktionen dieses riesigen Bauwerks im 16. und 17. Jahrhundert nicht unbeeinflußt geblieben. Fischers leidenschaftliches Interesse für gigantische Bauten der Antike könnte ihn mit Pietro Cortona in Verbindung gebracht haben. Johann Bernhard Fischer von Erlach war gleichermaßen Theoretiker und Historiker wie Baumeister und Architekt. Sein großes zeichnerisches Opus, das 1721 in dem schon erwähnten prunkvollen Stichwerk, betitelt „Entwurff einer Historischen Architektur“, erschienen ist, enthält eine ganze Reihe von Rekonstruktionen antiker Bauten, die im großen und ganzen, aber auch im Detail für Schönbrunn I herangezogen wurden. So weist z. B. die sogenannte *Spectacula Babilonica* eine Terrassenanlage auf, die dem Schönbrunner Plan sehr ähnlich ist. Die *Domus Aurea Neronis* zeigt einen durch eine Quadriga geschmückten Mittelteil der Atrium-Hoffront, eine ähnliche Anordnung wie die Bekrönung des Schönbrunner Mitteltraktes. Vom

Rekonstruktionsversuch des Trajansforums hat Fischer das Säulenmotiv für die Schönbrunner Einfahrt und später für die Karlskirche übernommen[19]. Aufgrund eines freilich umstrittenen Brieffragments von Fischer im Prager Stadtarchiv ist die Deutung der monumentalen Anlage in ein neues Licht gerückt. Danach wäre dem Architekten beim Entwurf des ersten Schönbrunner Projektes die altpersische Architektur vorgeschwebt; nach seiner Vorstellung sollte hier ein prunkvolles Wiener Persepolis entstehen[20].

Für Fischer von Erlach war die Antike nicht bloß großes Vorbild, sondern ein absolutes Idealuniversum, dessen Wiederverwirklichung jedem Architekten höchstes Ziel, edelste Aufgabe sein sollte. Die Vorstellungen, die man sich von den Bauten des Altertums machte, waren allerdings durch die allmähliche Entwicklung der archäologischen Kenntnisse seit dem 15. Jahrhundert geprägt und mehr oder minder spekulativ geblieben. Eine Subjektivierung im Sinn des herrschenden Stils war damals noch selbstverständlich: bei den Rekonstruktionsversuchen wurden barocke Bauideen in die Antike projiziert. Hier liegt der grundsätzliche Unterschied zwischen dem Historismus Fischers[21] und dem des 19. Jahrhunderts. Bei Fischer handelte es sich um historische Kenntnisse, die für den Zeitstil ausgewertet, nicht aber zum Zeitstil gemacht wurden.

Es war jedoch nicht nur das Altertum, das Fischer beim ersten Schönbrunner Projekt als Ideal und Vorbild vorschwebte, auch die heimische Architekturtradition dürfte ihm verschiedene Anregungen geliefert haben. Von besonderer Bedeutung ist in diesem Zusammenhang das Neugebäude, ein Lustschloß, das Kaiser Maximilian II. in der Donauau südöstlich von Wien hatte errichten lassen[22]. An die Restaurierung dieses Bauwerks hat Kaiser Joseph I., Fischers Mäzen, gedacht. Jedenfalls erschien eine Vogelschau der gesamten Anlage im Jahr

1715 in der Fischer-Delsenbach'schen Ansichtenfolge „Prospecte und Abriße einiger Gebäude von Wien..." Wesentlich für Fischer war die Lage des Neugebäudes, die für die Errichtung von Terrassengärten ausgenützt worden war. Auch der ungarische König Matthias Corvinus soll in der Wiener Hofburg hängende Gärten anlegen haben lassen, ähnlich wie in seiner Villa bei Visegrad in Ungarn.

Für die kunsthistorische Genese des unausgeführten Planes ist die europäische Kunst des 16. und 17. Jahrhunderts heranzuziehen. Italienische und französische Stilelemente erscheinen hier in einer grandiosen Synthese. Der Grundriß der Anlage muß von Versailles übernommen worden sein, während die majestätisch großen Ordnungen an der Fassade von Berninis Louvre-Plänen stammen. Auch die halbkreisförmig einschwingende Front war, wie schon erwähnt, ein Gedanke Berninis, der in Frankreich allerdings abgelehnt worden war. Die Risalitbildung des Mittelteils am Schönbrunner Projekt war von Madernas Fassadenplan für die Peterskirche beeinflußt. Die herkulischen Säulen bei der Einfahrt sind erstmals an einem früheren Entwurf Jean Marots für das Schloß in Mannheim zu entdecken. Die Casino-Bauten an den Ecken der oberen Terrasse sind inspiriert von Palladio (Villa Valmarana) und Vignola (Villa Lante in Bagnaia). Die Gestaltung der Flügelfassaden übernahm Fischer von Le Vaus Projekten für Versailles, während die große Zahl der Skulpturen im Garten letztlich im italienischen Villenbau ihren Ursprung hat[23]. Die Spannweite der kunsthistorischen Vergleiche reicht also von Italien bis Frankreich, von Palladio, Cortona und Bernini bis Le Vau und Mansart. Dies bedeutet aber nicht, daß Fischer alle diese Bauwerke genau studiert und im Detail gekannt hat, es besagt bloß, daß ihm die wichtigsten Baudenkmäler des 16. und 17. Jahrhunderts bekannt waren, meist wahrscheinlich aus Stichwerken, und daß er es verstanden hat, in seinem Oeuvre das Wesentliche aus verschiedenen Ländern und Bauwerken zu vereinigen. Das erste, unausgeführte Schönbrunner Projekt ist also eher ein System oder, besser gesagt, eine systematische Ordnung von Baukenntnissen, als ein für praktische Zwecke zur Ausführung bestimmter architektonischer Entwurf. Die Vielfalt der Einflüsse und Vorbilder läßt vermuten, daß Fischer im Architekturbild ein System schaffen wollte, dessen Anschaulichkeit in ästhetischer Hinsicht wichtiger war als die Ausführbarkeit.

Darüber hinaus hat der Entwurf einen konkreten historischen Inhalt. Schon die Zeitgenossen haben im Zusammenhang mit dem Schönbrunner Bauprojekt die Rivalität zwischen Wien und Versailles in den Vordergrund gestellt. Der Biograph Kaiser Leopolds II., der zu seiner Zeit recht bekannte Historiker Eucharius Gottlieb Rink, drückt sich dabei deutlich genug aus: „Der kayserliche Oberland Baumeister Johann Bernhard Fischer von Erlach hat die Kräffte seiner reichen erfindung hier angewendet und unserm Teutschland so viel ehre damit zu wege gebracht, daß dessen prächtiger Prospekt vielen vollkommener vorkommt als Versailles selbst“[24]. Der Vergleich und die Rivalität zwischen Wien und Versailles müssen seit dem späteren 17. Jahrhundert ein ständiges Diskussionsthema gewesen sein[25]. Im Zeichen dieser Rivalität mußte Frankreich übertroffen werden, und das galt auch für die Kunst. In Frankreich hatte man schon im Lauf des 17. Jahrhunderts die politisch-propagandistische Bedeutung der Künste erkannt. Die Académie Royale förderte den Personenkult des französischen Monarchen. Alle im Bereich der Künste stehenden Mittel sollten der Verherrlichung des Königs, Ludwigs XIV., dienen, wobei dieser gelegentlich sogar als göttliche Erscheinung dargestellt wurde.

Anders war die Lage in Österreich. Joseph I., als dem

Sohn eines tiefgläubigen, erzkatholischen Vaters, der sich selbst niemals göttliche Eigenschaften zugemutet hätte, erschien statt der Vergöttlichung der eigenen Person nur die Apotheose seines Hauses erlaubt und akzeptabel, weil es mit dem Reich als adäquater Symbolträger identifizierbar war. In dieser Relation war die Person des Mäzens in gewisser Hinsicht nicht von Bedeutung. Vater und Sohn mußten der Idee der Dynastie untergeordnet werden. Die Hinweise auf die Person des jungen Römischen Königs dienten zur Entstehungszeit des ersten Projekts zur Demonstrierung der Kontinuität des Kaiserhauses. In Österreich fand die Konkretisierung allegorischer Vergleiche nicht mit derselben Klarheit statt wie in Frankreich, wo Gott, König und Staat in der Person Ludwigs einen entsprechenden Symbolträger gefunden haben.

Es handelt sich also bei dem ersten Schönbrunner Projekt um einen Idealplan, der wahrscheinlich noch ohne präzisen Bauauftrag geschaffen wurde und hinter dessen Konzeption die utopischen Vorstellungen eines Architekten standen. Es war eine visionäre und keine tatsächliche Planung, die ihre künstlerische Überzeugungskraft nicht so sehr im Baugedanken wie in ihrem politischen Inhalt hatte. Dieser Inhalt war eine architektonische Apotheose des Kaiserhauses. Das prunkvoll und feierlich formulierte und vorgetragene Projekt war höchstwahrscheinlich nicht als Entwurfszeichnung gedacht — jedenfalls nicht in der Form, wie es 1721 publiziert wurde —, sondern als ein in sich abgeschlossenes programmatisches Illustrationsblatt, dessen Inhalt nicht nur die dargestellte Architektur, sondern auch das sich im Vordergrund abspielende Ereignis, das Hofturnierfest, gewesen ist. Wenn man dieses Projekt nicht bloß als Architekturbild, als Perspektive, sondern auch als Darstellung eines Ereignisses betrachtet, ergeben sich daraus neue Aspekte für die Wertung dieser Architektur. Die feierliche Schloßanlage erscheint in diesem Zusammenhang wie eine prunkvolle Theaterkulisse, die zur Inszenierung eines Ereignisses gehört.

Das erste Schönbrunner Projekt ist Utopie geblieben, nicht nur deshalb, weil die äußeren Umstände, vor allem die finanzielle Lage Österreichs, die Verwirklichung nicht erlaubten, sondern auch, weil dieser Plan in erster Linie als politische Illustration, nämlich als Apotheose einer Dynastie gedacht war — und sicherlich auch als Manifest eines Architekten, der seine vielfältigen architekturgeschichtlichen Kenntnisse und seine Phantasie in spekulativer Weise durchspielen und entsprechend theatralisch vortragen wollte.

DIE VERWIRKLICHUNG DER IDEE

Fischers zweiter Plan und die Baugeschichte bis 1740

Die Verwirklichung sah völlig anders aus als das „utopische“ Projekt. Fischer mußte sowohl auf die Berglage als auch auf Größe und Prunkentfaltung verzichten. Er war gezwungen, seine ursprüngliche Idee aufzugeben und das Schloß in verkleinerter Form in die Ebene zu versetzen; das künstlerische Verhältnis zwischen Bauwerk und Landschaft mußte also grundsätzlich neu durchdacht werden.

Das utopische Projekt Fischers konnte nicht realisiert werden, weil es äußere Umstände nicht beachtete. Die Planung eines großen, repräsentativen kaiserlichen Schlosses mußte sich von Anfang mit den Finanzierungsmöglichkeiten und der Frage nach der künftigen Verwendbarkeit auseinandersetzen[26]. Dies hatte Fischer im ersten Projekt wenig berücksichtigt. Im zweiten Projekt wurden die Vorstellungen konkreter, und zwar auf beiden Seiten, sowohl bei den kaiserlichen Mäzenen als auch beim Baukünstler. Der königliche Obersthofmeister Fürst zu Salm hatte die oberste Bauführung in der Hand, und seiner regen Förderung war es zu danken, daß Schönbrunn überhaupt zustande kam. Der vom Kaiser hochgeschätzte Fürst, „ein Herr von großer Klugheit und Frömmigkeit, der den Prinzen bestens zu leiten versteht“, hatte ein unmittelbares und inniges Verhältnis zu Fischer von Erlach: Er ist dafür eingetreten, daß der Architekt als Lehrer des Thronfolgers bestellt wurde, und es war wohl auch seine Idee, aus Schönbrunn nicht nur ein Jagdhaus, sondern eine prunkvolle Residenz zu machen. Der Obersthofmeister setzte es durch, daß Fischer nicht dem Hofbauamt, sondern ihm persönlich unterstellt wurde, womit bei der Schönbrunner Bauführung der bürokratische Weg ausgeschaltet war. Die praktische Bauaufsicht hatte Leopold Ignatz Fürst von Dietrichstein, Obriststallmeister des Königs, inne, der aber dem Fürsten Salm untergeordnet war. Es ist nicht auszuschließen, daß das politische Konzept, demzufolge Schönbrunn Versailles übertreffen sollte, auf Salm zurückgeht. Jedenfalls setzte sich der Fürst nach Kräften für den zukünftigen Herrscher ein und war bemüht, ihm eine würdige Residenz zu schaffen.

Aus einer stolzen imperialen Residenz mit riesenhaften Proportionen ist ein anfangs kleines, doch elegantes Landschloß geworden, aus der machtvollen Beherrschung der Umgebung eine eher labile Inselexistenz in der Ebene, die infolge Modifikationen des Planes noch gesteigert wurde. Auf Wunsch des Kaisers sind kopfschwere Seitenflügel dazugekommen, welche die edlen Proportionen des kleinen Bauwerkes empfindlich störten. Rink bemerkt hierzu: „Wiewohl es [das Schloß] anfangs viel kleiner angelegt war, wurden doch auf Kaiser Leopolds einrathen an das Corps de logis noch zwei Höfe angehängt, wodurch es geschickt war, die gantze Kays. Hof-stadt zu behalten[27].“ Diese Baunaht ist aus der perspektivischen Ansicht des Schlosses klar erkennbar und weist auf einen weiteren Zwang hin, den der Architekt auf sich nehmen mußte. Die Unterschrift auf dem von Fischer veröffentlichten zweiten Plan lautet: „Prospect deß Neuen Gebäu und Gartens Schönbrunn, so Seine Kaiserl. Mayst. Josephus I., als Römischer König, vor ein Jacht-haus bauen zu laßen angefangen 1696“. Die bescheidene Bezeichnung „Jagdhaus“ sagt über die Ranghöhe des Bauwerkes nicht viel aus, da auch das erste Projekt als *Vénérie Imperiale* (kaiserliches Jagdhaus) betitelt war; es handelt sich wahrscheinlich um eine Bezeichnung, die vom alten Besitz übernommen und zunächst beibehalten wurde.

Fischers Plan — in der Literatur oft als „Schönbrunn II" bezeichnet — zeigt uns ein breitgelagertes Bauwerk mit einem geräumigen Ehrenhof, der von niedrigen Trakten gesäumt und vorn durch ein Obeliskenportal geöffnet wird. Das flachgedeckte Hauptgebäude weist eine repräsentative fünfunddreißigachsige, mehrfach abgestufte Fassade auf. Das flache Dach ist durch Attikamauer, Baluster und Skulpturen belebt. Der Mittelrisalit setzt sich durch eine aufwendige Treppenanlage, eine Säulenordnung und einen loggienartigen Aufsatz von der übrigen Fassade ab. Im Mittelpunkt der Treppenanlage befindet sich ein terrassenartiger kreisrunder Raum, der von einem Brunnen belebt ist: eine bescheidene Reduktion von Baugedanken des ersten Projekts und vielleicht als schmerzliches Ressentiment des Architekten zu verstehen, der auf die Idee einer konkav eingeschwungenen Hauptfront von enormer Breite verzichten mußte. Diese relativ große Treppenanlage harmonierte nicht mit den übrigen Proportionen des Schlosses und wurde dann später von Pacassi abgetragen. Ein interessantes architektonisches Motiv bildete der Aufsatz auf dem Mittelrisalit, unter dessen mittlerem überhöhtem Bogen das Reiterstandbild Kaiser Josephs I. aufgestellt werden sollte. Der frühzeitige Tod des Herrschers hat diesen Plan nicht zur Ausführung gelangen lassen. Der Aufsatz blieb bis zur Abtragung — wahrscheinlich unter Kaiser Karl VI. — leer stehen.

Die vierachsigen, seicht vortretenden Risalite wurden, wie schon erwähnt, noch im Lauf der Planung mit mächtigen fünfachsigen Seitenflügeln ergänzt; dadurch

entstand eine zweifache Abstufung der gesamten Hoffront, die auch heute noch unproportioniert wirkt. Die Zwischenrisalite haben einfachere, die Seitenrisalite etwas aufwendigere Säulenportale. Die einfache Pilasterordnung des mittleren Teils wechselt an den Fassaden der Seitenflügel in eine Doppelpilasterordnung über, die auch an den Fronten der „Trabanten", der blockhaft gestalteten Stallungstrakte, die den Ehrenhof seitlich abgrenzen, fortgesetzt wird. Diese Gebäude stehen ebenso wie die vorderen Trakte seitlich der Hofeinfahrt in einem labilen Verhältnis zueinander. Die strenge Quaderung der niederen, langgestreckten Vordertrakte erinnert an eine Festung. Die einfachen Obelisken ergänzen diesen puritanischen Eindruck, der mit der prunkhaften Gestaltung des ersten Projekts nichts mehr zu tun hat. Zur Belebung des geräumigen Hofs hat Fischer zwei schmucklose Fontänen entworfen, die — in gleicher Art erneuert — noch heute existieren.
Die Entstehung dieses zweiten, wesentlich modifizierteren Plans fällt aller Wahrscheinlichkeit nach in das Jahr 1693. Im Mai dieses Jahres ist bereits von der „zu negst bevorstehendter auferbauung des Schloß" die Rede, auch existiert ein Brief Fischers vom 23. November 1693, worin er an die Ratsherren von Brünn schreibt, sich noch kurze Zeit zu gedulden, bis „der Kheiser von Maria Zell zurück kumbt, daß ich meine sahen oder riß so mir anbefolen sein worden, Iberandtwordte ..."
Der Römische König Joseph besuchte noch vor dem Baubeginn des öfteren den Garten von Schönbrunn, um sich eine Vorstellung vom zukünftigen Werk zu machen. Ein solcher Besuch fand am 13. November 1694 statt[28]. Der Baubeginn steht aufgrund der Legende des später veröffentlichten Entwurfes eindeutig fest, er fällt in das Jahr 1696. Die Bauarbeiten wurden zügig und ohne Unterbrechung bis zur Eindeckung des Mittelteils

fortgesetzt. 1698 erfolgte die erwähnte Planänderung auf „einrathen“ des alten Kaisers, derzufolge das kleine Schloß mit mächtigen Seitenflügeln belastet wurde; die Vollendung dieser Trakte hat sich aber noch lang hingezogen. In den Jahren 1699 und 1700 stellte man am Wiener Hof das neuerbaute Schönbrunner Schloß mit Stolz in den Mittelpunkt gesellschaftlicher Ereignisse. Oft war die Rede vom *delizioso Palazzo e Giardino*. Zweimal wurde der türkische Botschafter hingeführt, und im Jahr 1700, am 21. April, veranstaltete man im neuen Schloß ein glanzvolles Fest mit einer Komödienaufführung zu Ehren der Königin. Eine Woche später, am 28. April 1700, unternahm der Hof eine „Sedienfahrt“ nach Schönbrunn. Die kaiserliche Familie und die Hofdamen ließen sich in bequemen Tragsesseln befördern, die jeweils zwei Personen Platz boten, wodurch auf dem langen Weg keine Langeweile aufkommen konnte. Dazwischen bewegten sich zu Pferd die Hofchargen und zahlreiche Edelknaben, berittene Arcieren-Leibgardisten bildeten den Beschluß des prunkvollen Zugs. Diese Fahrt gilt allgemein als der offizielle Einzug in das neue Schloß. Bereits im Sommer 1700 verweilte das jungvermählte königliche Paar, Joseph und Amalia Wilhelmina, öfter im Lustschloß.

Nach 1700 wurde die Fortführung der Bauarbeiten eingeschränkt, da der Staat neuerlich großen finanziellen Belastungen ausgesetzt war. Der Spanische Erbfolgekrieg und der Aufstand des Fürsten Rákóczi in Ungarn haben die Vollendung Schönbrunns beträchtlich hinausgezögert.

Im Lauf der Verwirklichung des zweiten Schönbrunner Bauplanes trat die Persönlichkeit Josephs immer mehr in den Vordergrund. Joseph war reif genug, um seine konkreten Vorstellungen mitspielen zu lassen. Der

Thronfolger wurde schon im Alter von siebzehn Jahren — also seit 1695 — zu wichtigen Staatssitzungen eingeladen, und seine klare Urteilsbildung hat die Zeitgenossen beeindruckt. Der junge Römische König griff in den Baufortgang lenkend ein und beaufsichtigte ständig die Arbeiten; er galt während des Schloßbaues als engagierter Mäzen und selbstbewußter Planer. In dem Jahrzehnt zwischen seiner Krönung (1690) und dem Abschluß der wichtigsten Bauarbeiten ist der anfangs nur angedeutete Herrscherkult immer konkreter und deutlicher geworden. Beim ersten Projekt ging es vor allem um die Kontinuität der Habsburger Dynastie, um eine Apotheose der Monarchie; dieser Gedanke verschob sich allmählich in Richtung eines Personenkults. Der junge Römische König trat Schritt für Schritt aus dem Schatten des kaiserlichen Vaters heraus. Am Ende diente das Bauwerk — dieser Torso der ursprünglichen Vorstellungen Fischers — ausschließlich seiner persönlichen Ehre. Für diesen Personenkult in Schönbrunn gibt es mehrere historische Dokumente. Im Jahr 1700 wurden Medaillen auf die Erbauung des Lustschlosses geprägt, die auf der einen Seite das Porträt Josephs, auf der anderen das Bauwerk nach dem zweiten Entwurf des Architekten wiedergeben[29]. Besonders bemerkenswert sind die Inschriften: Joseph wird nicht nur als *ROMANOR. ET HUNGAR. REX* tituliert, sondern auch mit der Römischen Sonne verglichen: *SOL UBI ROMANUS CURIS / PERCURRERIT ORBEM / HOC PULCHRO FESSOS FONTE / RELAXAT EQUOS / 1700*. Dieser Vers deutet auf den österreichischen *roi soleil* hin.

Ein anderes künstlerisches Zeugnis der Apotheose Josephs des „Sieghafften" ist im Schloß selbst erhalten[30]. Es handelt sich um das Fresko an der Decke im ehemaligen Kleinen Saal, der heutigen Blauen Stiege. Ein jugendlicher Held empfängt hier in überirdischen

Regionen den Siegeskranz, er ist durch das Sonnensymbol als Österreichs *roi soleil* gekennzeichnet. Diese allegorische Darstellung ist das Werk des italienischen Malers Sebastiano Ricci, wie erst vor wenigen Jahren erkannt wurde[31]. Das Schönbrunner Werk des bedeutenden norditalienischen Malers muß in den Jahren um 1702 entstanden sein, da der mittlere Trakt mit dem damaligen Kleinen Saal um 1700 unter Dach fertig stand und Ricci ab 1704 wieder in Italien war. 1744 wurde von Pacassi anstelle des Kleinen Saales die Blaue Stiege errichtet, in jener Zeit, als auch der Große Saal mit dem Gemälde Rottmayrs, welches die Apotheose des Hauses Österreich darstellte, umgestaltet wurde.

Von der ursprünglichen Raumeinteilung und Ausstattung des Schlosses aus der ersten Bauzeit unter Fischer von Erlach, wie sie die Inventare von 1728 verzeichnen, ist nicht viel übriggeblieben. Eigentlich stammt nur noch die Schloßkapelle aus dieser Zeit, doch ist sie unter Maria Theresia umgestaltet und ihr Fassungsraum durch zusätzliche Emporen vergrößert worden. Auch die Ausstattung wurde verändert. Das ursprüngliche Altarbild von Johann Michael Rottmayr mit der Vision der hl. Maria Magdalena befindet sich heute in der Augustinerkirche; es wurde um 1744 durch eine Darstellung der Vermählung Mariens von Paul Troger ersetzt. Aus dieser Zeit stammt auch das Deckenfresko von Daniel Gran: Maria Magdalena inmitten der himmlischen Tugenden. Die beiden bronzenen Figurengruppen in der Schloßdurchfahrt stammen ebenfalls noch aus der ersten Bauzeit: sie stellen den Kampf des Herkules mit dem Hesperidendrachen und mit dem Nemeischen Löwen dar und zierten ehemals als Öfen den Kleinen Saal, die spätere Blaue Stiege. Wahrscheinlich sind die Figuren sogar noch älter als der Schloßbau. Möglicherweise sind sie ein Werk des Bildhauers Adrian de Vries; jedenfalls sind sie aus dem Besitz des

Prinzen Eugen nach Schönbrunn gekommen. Außer den erwähnten Sälen gab es im Mitteltrakt mehrere kleinere Räume, deren künstlerische Ausstattung hauptsächlich aus einer umfangreichen Ahnengalerie bestand.

Nach dem Tod Kaiser Josephs I., der 1705 seinem Vater auf den Thron gefolgt war, aber schon 1711 im dreiunddreißigsten Lebensjahr an den schwarzen Blattern starb, überließ sein Bruder und Nachfolger Karl VI. das Schloß der verwitweten Kaiserin Amalia Wilhemina, die hier in den Sommermonaten mit ihren Töchtern residierte und ein reges gesellschaftliches Leben führte. In den folgenden Jahren mußten verschiedene noch ausständige Bauarbeiten zum Abschluß gebracht werden. Noch 1712 bemerkte nämlich der kaiserliche Biograph Rink, daß „der dazwischen kommende Krieg verhindert [hat], daß es [das Schloß Schönbrunn] an allen Orthen noch nicht aufgebauet ist ... denn die beyden Flügel, worinnen kleine Höffe, sind noch nicht unter Dach, doch stehet das andere alles." Sicherlich hat die Kaiserinwitwe, die in ihrem Trauerschmerz noch lange Zeit an dem Schloß hing, die Eindeckung der Seitenflügel beenden lassen. In den Jahren 1714 bis 1716, nach Beendigung des Spanischen Erbfolgekrieges, wurden die Bauschulden, die seit dem Baubeginn 1697 ständig angewachsen waren, endlich beglichen. Aus diesen Abschlußrechnungen wird ersichtlich, welche Handwerker am Schloßbau tätig waren. Weniger unterrichtet sind wir hingegen über die Verschönerungen, die Kaiserin Amalia Wilhemina im Inneren des Bauwerkes vornehmen hat lassen.

Im Sommer 1728 übernahm Kaiser Karl VI. Schloß Schönbrunn gegen eine Entschädigung von 240.000 Gulden, zahlbar in zwölf Jahresraten, aus dem persönlichen Besitz der kaiserlichen Witwe, die mit diesem Geld ihre weitreichenden Pläne mit dem Salesianerinnenkloster am Rennweg verwirklichen wollte. Amalia Wilhemina hatte sich bereits 1722 in das von ihr gestiftete Kloster zurückgezogen, wo sie im sogenannten Witwentrakt abgeschlossen vom Weltgetriebe lebte. Sie starb dort 1742.

Der Zustand des Schlosses zum Zeitpunkt der Übergabe ist durch verschiedene Quellen dokumentiert: durch die damals angelegten Inventare[32], die Beschreibung Küchelbeckers aus dem Jahr 1730[33] und eine Darstellung der Hoffront im Hintergrund eines 1732 entstandenen Gemäldes von Johann Georg Hamilton[34]; Inventar und Beschreibung geben Aufschluß über den inneren Zustand des Baues, während die Ansicht die getreuliche Ausführung des zweiten Fischerschen Projektes bezeugt.

Nach Johann Basilius Küchelbeckers „Allerneuester Nachricht vom Römisch Kaiserlichen Hofe" hat das Schloß, obzwar es die erstrebte Pracht nicht erreicht hatte, auch in seiner damaligen Erscheinung Bewunderung hervorgerufen. Jedenfalls berichtet der wohlinformierte Hannoveraner: „Unter allen Kayserlichen Lust-Schlössern ist das schönste und magnifiqueste, das von Kayser Joseph zu bauen angefangene Schönbrunn, welches, wenn es wäre zu stande gekommen, gewißlich ein ander Versailles worden wäre. Nachdem aber dieser große Kayser so frühzeitig verstorben, so ist auch dieser prächtige Bau liegen blieben ... Man kommt bey dem Eintritt gleich in einen großen Saal, so sehr geräumig, hoch und dessen Plafond überaus künstlich gemahlet ist, und verdient solcher wohl betrachtet zu werden. In denen Zimmern zur rechten Hand siehet man meistenteils Portraits von der Kayserlichen und ehemaligen spanischen Familie, so wohl aus denen alten, als neuen Zeiten ... Auf der linken Seite des Schlosses sind nur noch einige meublierte Zimmer zu sehen, in welchen gantz ungemein schöne Jagdstücken anzutreffen sind. Die Schloßkapelle ist auch auf dieser Seite,

in welcher aber nichts Merkwürdiges zu observieren. Aus dem großen Saal gehet man vermittelst einer schönen Treppe hinunter in den Garten, welcher sehr angenehm und ziemlich groß ist. Nach dem Riß dieses Lustschlosses, welchen man unter andern in einen Zimmer siehet, hat auf der Höhe des Walds ein Pavillon sollen zu stehen kommen, so aber nunmehro nicht leicht geschehen wird. Übrigens ist das gantze Gebäude a l'Italienne, ohne Dach, und mit vielen schönen Statuen oben herum besetzt, welches demselben ein ungemeines aussehen giebt." Offenbar war die künstlerische Ausstattung des Inneren in keiner Weise vollendet; bemerkenswert erscheint die Tatsache, daß Fischers Planzeichnung in einem Zimmer öffentlich zur Schau gestellt war.
Nach der erwähnten Ansicht der Hoffront im Hintergrund eines Rebhühner-Stillebens von Hamilton bestand der loggienartige Aufsatz über dem Mittelrisalit, der das Reiterstandbild Josephs I. aufnehmen hätte sollen, noch im Jahr 1732. In der folgenden Zeit wurde die Erscheinung des Schlosses jedoch wesentlich verändert. Noch unter Kaiser Joseph I. hatte es eine entscheidende Umstellung bei den Schönbrunner Bauangelegenheiten gegeben; denn man kehrte wieder zur Bürokratisierung des Bauwesens zurück. Die Änderung der Hofordnung bewirkte, daß das Bauprojekt Schönbrunn endgültig dem Hofbauamt zugewiesen wurde. Im Jahr 1716 wurde Graf Gundacker von Althann zum Generalhofbaudirektor ernannt[35]. Dieser Kavalier, der eine weitgehende Verselbständigung des Hofbauamts anstrebte, erließ sogleich verschiedene Anordnungen, welche die Einleitung des Bauverfahrens und die Genehmigung der Architekturpläne durch das Hofbauamt regelten. Das bedeutende aber, daß bei diesem wie auch bei anderen Bauvorhaben des Hofes im schöpferischen Entstehungsprozeß mehrere verantwortliche

Personen zu Wort kamen, die letztlich das Endergebnis auch in seiner künstlerischen Bedeutung mitbestimmten.

Zwischen 1735 und 1737 ließ das Hofbauamt auf Empfehlung des Schloßhauptmanns, der der Hofkammer einen alarmierenden Bericht über den elenden Zustand der Decken im Schloß vorgelegt hatte, ein Steildach auf das gesamte Bauwerk setzen. Damals war der führende Baumeister im Hofbauamt der jüngere Fischer von Erlach, nicht so genial wie sein Vater, jedoch ein sehr begabter Bautechniker. Deshalb hat man lange Zeit geglaubt, die neue Dachkonstruktion sei von ihm entworfen worden. Das Dach ist indes vom kaiserlichen Maurermeister Anton Erhard Martinelli entworfen und ausgeführt worden. Ein Kupferstich von Th. Bohacz nach Johann Georg Jungmann aus dem Jahr 1744 dokumentiert die Änderungen. Dem Umbau sind die Balustrade, der Figurenschmuck und vielleicht auch der Aufsatz über dem Mitteltrakt zum Opfer gefallen; die Ansicht zeigt an dessen Stelle einen merkwürdigen turmartigen Aufbau, der ebenso wie Mittel- und Seitenrisalite mit einem Dreieckgiebel bekrönt wurde. Möglicherweise verdeckte dieser ziemlich plumpe Aufbau nur den Aufsatz. Die Giebel waren mit Reliefs geschmückt und der mittlere auch mit einer großen Uhr versehen.

Fischers Werk war durch dieses kopfschwere Dach verunstaltet worden. Das „deliziöse" Gartenpalais, das dem Vergleich mit den schönsten italienischen Palazzi standhielt, war zu einem unfreundlichen Baukonglomerat verändert worden. Doch blieb dieser Zustand nicht lange bestehen.

DIE UMBAUTEN UNTER MARIA THERESIA

Unter Kaiser Karl VI. war Schönbrunn zugunsten der Favorita auf der Wieden und seit 1730 wegen des vielversprechenden Projekts einer neuen Residenz in Klosterneuburg[36] vollständig vernachlässigt worden. Erst nach der Vermählung der achtzehnjährigen Kaisertochter Maria Theresia, der zukünftigen Herrscherin Österreichs, mit dem acht Jahre älteren Franz Stephan von Lothringen im Jahr 1736 wurde die Aufmerksamkeit wieder auf Schönbrunn gelenkt, das noch immer nicht vollendet war. Wahrscheinlich erwog Kaiser Karl damals die Möglichkeit, dem jungen Paar das Schloß als Sommerresidenz zu schenken und dementsprechend zu erneuern. Die historischen Quellen berichten, daß Maria Theresia seit jeher an diesem Bauwerk und dem umliegenden Garten mehr hing als ihr Vater, der Schönbrunn nie sehr geschätzt hatte und nur manchmal zum Fasanenschießen hinkam. Es waren seit der Erbauung vierzig Jahre vergangen und daher am Schloßbau weitgehende Modernisierungen notwendig geworden. Auch war Maria Theresia eine selbstbewußte Bauherrin, die bei der Erneuerung ihre eigenen Wünsche zum Ausdruck bringen wollte. Doch sah sie sich erst im dritten Jahr nach ihrem Regierungsantritt in der Lage, ihre Pläne in die Tat umzusetzen und — am 25. Februar 1743 — zu befehlen, daß „solches [das Schloß] nicht nur reparirt, sondern auch erweitert und zu bequemen Unterbringung der Hof Statt ausgebauet werden solle“[37]. Über den Beginn der Bauarbeiten berichtet Fürst Johann Joseph Khevenhüller-Metsch, der

Chronist des theresianischen Zeitalters[38], am 7. Juli 1743: „...und kehrten [die Herrschaften] Nachmittag zurück nach Schönbrunn allwo abends Bal ware... und weillen ich meiner zwei provisorie versehender Ämter wegen beständig um die Herrschafften sein muß und zu Schönbrunn, da man erst vorn Jahr in Eille etwas zurichten lassen und nun eben im Bauen begriffen ist, für mich kein übriger Platz ware..." Am 2. September 1743 schrieb die Kaiserin an den Grafen Ulfeld: „Gundel [Hofbaudirektor Gundacker Graf Althann] ist in mein nahm zu sagen, das ihme safran schicken werde mit dem gantzen plan und terrains von Schönbrunn, er solle das was guttes und nicht auf 20.000 oder mehr schauen solle..."[39]. Der Umbau wurde ziemlich rasch vollzogen, zwischen 1743 und 1749 hat der junge Architekt Nikolaus Pacassi Schloß Schönbrunn außen teilweise und innen völlig umgestaltet.

Merkwürdigerweise finden sich in den Hofakten nur spärliche Mitteilungen über diesen großen und kostspieligen Umbau. Neben den sehr aufschlußreichen Tagebüchern des Fürsten Khevenhüller-Metsch dokumentieren vor allem Grundrißpläne und Ansichten des Schlosses die am Bau Fischers vorgenommenen oder nur geplanten Änderungen. Eine dieser Ansichten, ein Stich von Georg Nicolai, ist betitelt „Prospect des Kaysl. Königl. Sommer- und Lustschloß Schönbrunn, wie solche gegen Mitternacht anzusehen. So unter Genehmhaltung einer General Bau-Direktion und Herrn von Valmagini Secretaire, als Contralor Sr. Kaysl. Königl. Mayestätt von Nicolas Paccassi Kaysl. Königl. Hoff architect erbauet ist worden." Der Stich stammt höchstwahrscheinlich aus dem Jahr 1749. Der Hofbauamtssekretär und Kontrollor Ignaz von Valmagini, der an erster Stelle, noch vor Pacassi, erwähnt wird, hatte gemeinsam mit dem Hofbauschreiber die „Sachen der

Lieferungen und Erfordernussen" zu verfertigen, übte also etwa die Rolle eines Bauwirtschaftsleiters aus. Die Planung oblag allein dem jungen Pacassi, dem als Hilfe der Maurermeister Giuseppe Bianchi zugewiesen worden war. Es ist bezeichnend, daß in der theresianischen Ära mit ihrer utilitaristischen Geisteshaltung die Bedeutung des Bauinspektors, des „Bauübergehers", derart in den Vordergrund gestellt wird. Die Planung eines Bauwerks wurde nicht mehr als rein architektonisch-künstlerische Aufgabe betrachtet, die wirtschaftlich-finanzielle Verantwortung war der künstlerischen Leistung zumindest gleichgestellt. Eine gegenseitige Konsultierung und Einflußnahme war von Anfang an in die Organisation miteinbezogen.

Von den zwei Grundrißplänen stammt einer vom Hofarchitekten Nicolas Jadot; dieser ist nicht zur Ausführung gelangt[40]. Der andere datiert aus dem Jahr 1745 und wurde höchstwahrscheinlich von Pacassi angefertigt. Dieser vollständige Grundriß deckt sich mit der Ausführung und läßt die wesentlichen Unterschiede gegenüber dem zweiten Projekt Fischers erkennen; es handelt sich vor allem um die innere Einteilung. Da die Seitenflügel in der ersten Bauphase nicht fertiggestellt worden waren, sah sich Pacassi nur im Mitteltrakt zu weitgehenden Konzeptänderungen gezwungen. Er ließ den quergestellten Prunksaal abtragen und an seiner Stelle zwei parallel zur Längsachse des Bauwerkes verlaufende Galerien errichten: die Große und die Kleine Galerie, die seither den repräsentativen Mittelpunkt des Schlosses bilden; dazu gehören noch das westlich der Kleinen Galerie gelegene Rundkabinett und das östlich gelegene Ovale Kabinett. Die Anlage der beiden Galerien bedeutet Verzicht auf die ausgewogene hochbarocke Symmetrie zugunsten einer weitgehenden Dynamisierung der Raumdisposition. Die Galerien sind nicht als in sich geschlossene Raumzentren, sondern wie fluktuierende Achsen behandelt. Darin liegt vielleicht das größte architektonische Verdienst Pacassis.

Das neue Raumensemble im Mitteltrakt des Schlosses Schönbrunn ist ein Hauptwerk der österreichischen Rokokoarchitektur. Die beiden überwölbten, mit Fresken geschmückten und prunkvoll gegliederten Festsäle waren für mehrere Funktionen geschaffen: die Große Galerie, auch Rittersaal genannt, diente zum Antichambrieren, also als Warteraum vor den beiden kleineren „Antikammern" im Osten und Westen — dem „Laternzimmer" und dem „Karussellzimmer" —, war aber auch für große Bälle und Empfänge bestimmt. Die gegen den Garten gelegene Kleine Galerie stand für kleinere Festivitäten und Gesellschaftsspiele zur Verfügung. Die beiden Galerien, miteinander verbunden wie Bühne und Zuschauerraum, konnten im Bedarfsfall zu einem großartigen Ensemble zusammengezogen werden, das Festgefühl durch die Steigerung des Raumreichtums erhöhend. Die neue Anordnung der Säle entspricht der Denkweise des theresianischen Pragmatismus, der stets Repräsentatives und Funktionelles im Gleichgewicht zu halten suchte.

Pacassi setzte die funktionelle Dynamisierung des hochbarocken Schlosses auch im Erdgeschoß fort. Er ließ Fischers Treppenanlage abtragen und schuf zwischen Ehrenhof und Garten eine Durchfahrt, die das Problem der Einfahrt besser löste als die alte Anlage. Die von Pacassi neuformulierte, man könnte auch sagen revidierte Fassade des Schlosses erscheint auf zwei zeitgenössischen Ansichten: dem erwähnten Kupferstich von G. Nicolai und dem Gemälde von Canaletto aus dem Jahr 1759. Beide Darstellungen demonstrieren die baulichen Änderungen dieser Periode. Pacassi hatte die Prunkauffahrt vor der Hoffassade abgetragen und an ihrer Stelle eine einfache zweiarmige Freitreppe errich-

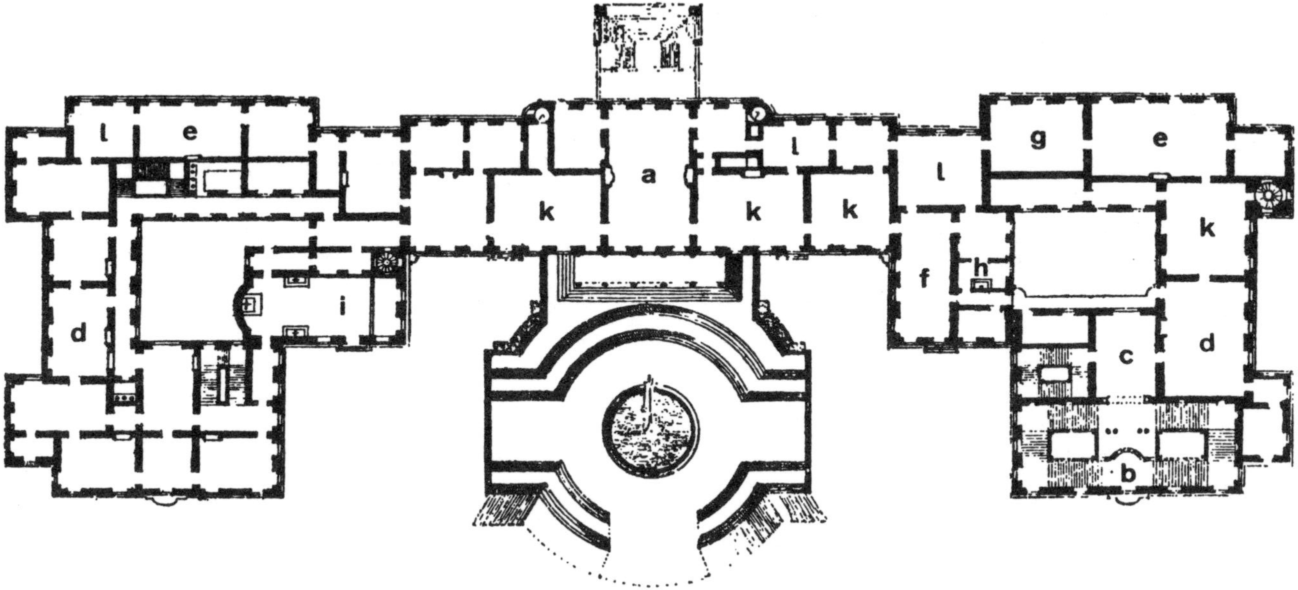

Das Hauptgeschoß von Schloß Schönbrunn vor dem Umbau durch Pacassi
nach dem Grundriß Johann Bernhard Fischers von Erlach

a Großer Saal
b Kaiserstiege
c Großes Vestibül
d Saal
e Audienzzimmer
f Kleiner Saal (Spiegelsaal)
g Schlafzimmer
h Kammerkapelle
i Schloßkapelle
k Antichambre
l Retirade

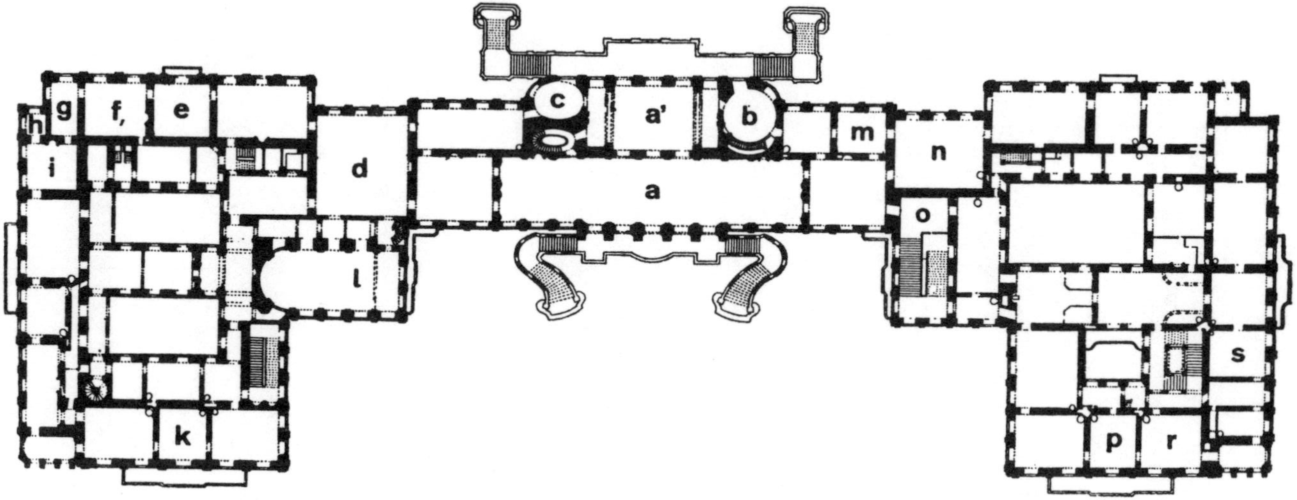

Das Hauptgeschoß von Schloß Schönbrunn im gegenwärtigen Zustand

a Große Galerie
a' Kleine Galerie
b Rundkabinett
c Ovalkabinett
d Zeremoniensaal
e Vieux-laque-Zimmer
f Napoleon-Zimmer (Sterbezimmer des Herzogs von Reichstadt)
g Porzellanzimmer
h Miniaturenkabinett
i Millionenzimmer (Vicatin-Cabinet)
k Schreibzimmer
l Schloßkapelle (Oratorienbereich)
m Kleines Rosa-Zimmer
n Großes Rosa-Zimmer
o Blaue Stiege
p Arbeitszimmer von Kaiser Franz Joseph
r Schlafzimmer des Kaisers
s Schlafzimmer der Kaiserin Elisabeth

ten lassen, die als repräsentative Umrahmung der neugeschaffenen Durchfahrt im Erdgeschoß gedacht war. Wie Khevenhüller-Metsch erzählt, hatte die Kaiserin ihre Gäste schon 1746 „oben auf der Stiegen empfangen“. Zugleich wurde das Peristyl vor dem Hauptgeschoß des Mittelrisalits in eine Halbsäulenordnung umgewandelt, wodurch freilich die Plastizität der Hoffassade gemindert wurde. Unter der balkonartig geführten Treppe entstanden fünf Gittertore, welche die Einfahrt der Equipagen in die hofseitige Sala terrena ermöglichten. Spätestens zu dieser Zeit wurde auch der Arkadenaufsatz Fischers, der das Reiterstandbild Josephs I. aufnehmen hätte sollen, abgetragen und durch ein bekrönendes Stockwerk ersetzt. Es ist allerdings möglich, daß immer noch Reste dieses Arkadenaufsatzes in den Mauern des neuen Geschosses stecken. Dieses neugeschaffene „Belvedere“ bildet eine diademartige Krönung der gesamten Anlage. Das steile, allzu wuchtige Dach Martinellis wurde abgetragen und durch niedere Pultdächer ersetzt. Die alte Pracht wurde durch die Wiedererrichtung der Balustrade mit ihrem Skulpturenschmuck völlig wiederhergestellt.

Die bedeutendste Änderung der Fassade ist wohl die Errichtung eines Zwischengeschosses, eine Notwendigkeit zur Überwindung des Platzmangels, der sich bei der Vergrößerung des kaiserlichen Hofstaates ergeben hatte. Die Einfügung des Zwischengeschosses bedeutete eine Streckung der Proportionen vor allem bei den Seitenflügeln. Die Fenster des Obergeschosses mußten in die Kapitellzone hinaufgerückt werden, wodurch die dem zweiten Projekt Fischers von Anfang anhaftende Disproportion noch gesteigert wurde. Außerdem wurden nach dem Konzept des Architekten die Seitenflügel mit den Seitentrakten des Ehrenhofes, die bis dahin als lose Trabanten existiert hatten, baulich verbunden.

Die bereits erwähnte funktionelle Dynamisierung, die

Pacassis Raumdisposition kennzeichnet, erscheint also konsequent durchgeführt. Die von Fischer selektiv behandelten plastischen Einzelteile des hochbarocken Baukomplexes wurden zu einem synthetischen, fluktuierenden Ganzen zusammengezogen. Diesem Zweck dienten die Durchfahrt oder die Verbindung des Hauptgebäudes mit den Ehrenhoftrakten ebenso wie die Große und die Kleine Galerie, die in eine innere Fluktuation einbezogen wurden. Die letzte wichtige Neuschöpfung des Architekten in dieser Phase — zwischen 1743 und 1749 — war die Errichtung des Schloßtheaters, wovon noch die Rede sein wird. Es ist Pacassi gelungen, in einer Zwangslage seine künstlerischen Vorstellungen zu verwirklichen und ein schon vorhandenes Kunstwerk durch neue architektonische Errungenschaften in praktischer und ästhetischer Hinsicht zu steigern. Die Fähigkeiten des jungen, 1743 erst siebenundzwanzigjährigen Architekten trafen sich dabei in glücklichster Weise mit den pragmatischen Vorstellungen der Kaiserin.

In der ersten Phase der Umgestaltung Schönbrunns hatte die Kaiserin offenbar unmittelbaren Kontakt mit den Ausführenden. Der damalige Generalhofbaudirektor Emanuel Graf Sylva-Tarouca[41], der dem etwas unrealistischen Projekt einer *Espèce de sérail,* das heißt eines Palastbezirks, durch Zusammenziehung der Favorita mit dem Salesianerinnenkloster und dem Schwarzenbergschen Sommersitz am Rennweg nachhing und daher dem Ausbau von Schönbrunn eher ablehnend gegenüberstand, scheint zuzeiten direkt übergangen worden zu sein. Dies wird aus einer Bemerkung Maria Theresias in einer Auseinandersetzung mit dem Kaiser deutlich. Franz Stephan fand nämlich nach der Übersiedlung in den neu adaptierten Ostflügel im Oktober 1746 die neuen Räume „sehr unbequem und absonderlich“. Die Kaiserin erklärte jedoch, daß sie „mehr als

Tarouca an der üblen Austheilung schuldig wäre"[42]. Vielleicht hatte sich der Kaiser auch nur geärgert, weil der von ihm begünstigte Erste Hofarchitekt Jean Nicolas Jadot, ein Lothringer, bei der Umgestaltung Schönbrunns überhaupt nicht zu Wort kam[43].
Dem jungen Pacassi brachte die Schönbrunner Tätigkeit 1749 die Ernennung zum Zweiten Hofarchitekten ein. Er blieb in den folgenden Jahren der führende Baukünstler Wiens, von der Kaiserin ob seiner „guten Einfälle und Ideen zumahlen aber wegen seiner Geschwindigkeit im exoquiren [exequieren, vollziehen]" überaus geschätzt. Änderungen aus praktischen Gründen waren für Maria Theresia wichtiger als die Schaffung großartiger Monumentalbauten. Pacassis Arbeitstempo brachte allerdings oft technisch mangelhafte Lösungen, was schließlich 1772 zu seiner Entlassung aus dem kaiserlichen Dienst führte.
In Schönbrunn beschränkte sich seine Tätigkeit zwischen 1749 und 1764 auf kleinere bauliche Abänderungen[44]. Um das Jahr 1754 wurden nach seinen Plänen im westlichen Trakt die Große und Kleine weiße Stiege errichtet und danach in demselben Trakt Umbauten für die Erzherzoge Joseph, Karl und Leopold vorgenommen. Zwischen 1754 und 1756 wurde in den beiden Galerien im Mitteltrakt das flache Gewölbe eingezogen. Die malerische Arbeit Gregorio Guglielmis, der die allegorischen Deckengemälde schuf, in deren Mittelpunkt die Kaiserin steht, und die Stuckarbeiten Albert Georg Bollas zogen sich allerdings bis 1761 hin.
1750 war Sylva-Tarouca als Generalhofbaudirektor durch den Grafen Adam Philipp Losy von Losymthal abgelöst worden, doch war auch dieser am Schönbrunner Bau nicht sonderlich interessiert. Allerdings wurden die Bauausgaben ab dieser Zeit in den geheimen Kammerzahlamtsbüchern sorgfältig registriert[45], so daß

wir über den späteren Fortgang der Ausstattung und Verschönerung Schönbrunns ziemlich genau unterrichtet sind. 1763 berichten die Kammerzahlamtsbücher ein letztes Mal über größere bauliche Arbeiten Pacassis: „zu Beleichtung des saal", „zu Ausmachung der Gallerie" und „zu erbauung der Stiegen im Garten" wurde ihm eine Summe von 64.500 Gulden ausbezahlt. Nach Pacassis Abgang kam es nur noch zu geringfügigen baulichen Änderungen im Inneren des Schlosses. Ab 1765 erscheint in den Quellen der Name des neuen Bau- und Schloßinspektors Thaddäus Adam Karner, der damals die Überwachung und Bauführung in mehreren kaiserlichen Sommerresidenzen übernommen hatte und mehr als zehn Jahre mit verschiedenen Reparaturarbeiten in Schönbrunn beschäftigt wurde[46]. Seine Funktion war ähnlich der des Kontrollors Valmagini: er machte „Specifikationen", das heißt, er gab fachliche Stellungnahmen über Bausachen ab, erstellte Kostenüberschläge, kontrollierte die Arbeiten der Handwerker und hatte das gesamte Baugeschehen zu überwachen. Die Stellung Pacassis wurde dem jungen begabten Architekten Johann Ferdinand Hetzendorf von Hohenberg übertragen.

Karner sollte in erster Linie die technischen und bauadministrativen Probleme bewältigen, die infolge der etwas konfusen Leitung Pacassis aufgetreten waren. Er hatte zunächst die Schloßanlage zeichnerisch aufzunehmen und dann die Einrichtung und Ausstattung zu koordinieren. Eine selbständige entwerfende Tätigkeit des neuen Schloßinspektors ist dabei nicht auszuschließen. Naturgemäß gab es zwischen Karner und Hohenberg Spannungen und Eifersüchteleien. So kam es bei der Ausstattung des Schloßtheaters zu regelrechten Auseinandersetzungen. „Ich kann gleichwohl nicht nur mit aller Wahrheit betheuern", so schreibt Hohenberg im Jahr 1771 an die Hofkammer, „daß die invention und

Entwerfung des Risses [für das Schloßtheater] mich sechs gantze Wochen gekostet hat", und fährt fort: „Überhaupt muß mir sehr schmerzlich zu Gemüthe dringen, daß vielerwähnter Schloß Inspector mir allein meinen saueren Verdienst strittig machen und beschräncken will". Im Bericht des Hofkammerrates ist der Standpunkt Karners festgehalten, der „dem Hetzendorf" vorwarf, „daß er die Arbeit des Vergolders geflissentlich vermehret, und dadurch den diesfälligen Zahlungskontho unnöthig vergrößert habe. Allein auch diesfalls da er Karner freye Hand gehabt, Einhalt zu thun, und hierunter den allenfalls übertrieben Ansinnungen des Hetzendorfs Maß und Ziel zu setzen, fehlt der ungezweifelte Schluß dahin aus, daß das Bauwesen zu Schönbrunn nicht zu Besten bestellet seye ...[47]" Der Hofkammerrat war mit dem Sparmeister zufrieden, er bestätigte dem „in Schönbrunn mit gutem Erfolg vorlängst angestellter Bau und Schloß Inspector Kärner, welcher wegen seiner gründlichen Käntniß und guten Wirtschaft im Bau Wesen, unpartheyisch, redlich und sehr mühsamer Verwendung durch viele Jahre ... sich verdient gemacht hat", das wohlerworbene Anrecht auf ein neues Quartier.

Schon 1766 wurden umfangreiche Reparaturen in Schönbrunn notwendig, für die der enorme Betrag von rund 75.000 Gulden ausgegeben werden mußte. 1770 wurden neue Sommerzimmer gebaut, die vermutlich durch die Vermählung des Großherzogs von Toscana notwendig geworden waren. 1773 wurden die Kapellenoratorien umgestaltet, und 1777 gab es eine größere „Reparirung deren Wandt Spiegle und Lesenen [Lisenen] in großen Saal", die von Hohenberg geleitet wurde. Im selben Jahr führte der Architekt den Umbau der angeblich infolge eines Erdbebens baufällig gewordenen Gartentreppe durch: an Stelle der geschwungenen Rokokostiege Pacassis entstand die heute noch bestehende frühklassizistische Treppenanlage. Ansonsten konzentrierten sich in den siebziger Jahren die Verschönerungsarbeiten auf den Garten, der in diesem Dezennium wesentlich bereichert wurde.

Zwischen 1740 und 1780 hat sich das Schönbrunner Schloß in permanenter Änderung und Entwicklung befunden. Seit dem Entschluß der Kaiserin, hier eine aufwendige Sommerresidenz einzurichten, hörte die Vervollständigung und Veränderung des Bauwerkes nicht mehr auf. Am Ende der theresianischen Epoche war Schönbrunn in ein lebendiges Staats- und Familienzentrum umgewandelt.

DAS SCHÖNBRUNNER SPÄTROKOKO

Seit ungefähr 1720 entwickelte sich in Paris eine neue stilistische Geschmacksrichtung, die in den eleganten Interieurs des Adels als *style moderne* erstaunlich schnell verbreitet wurde. An die Stelle des statisch und majestätisch prunkvollen Hochbarock trat ein neues Ideal, das lebhaft leichte Rokoko[48], dessen graziöse Geschmeidigkeit ausschließlich profanen Charakter hatte. Die Bezeichnung leitet sich vom Hauptmerkmal dieses Stils her, von der unendlich variablen und elastisch schmiegsamen Rocaille, die in tausendfacher Variation überall verwendet wurde und schließlich zur Auflösung der erstarrten Formenwelt des Hochbarock geführt hat. Bei der Verbreitung dieser französischen Geschmacksrichtung spielte die Mode eine große Rolle, die sich in der Stilbildung als treibender Motor erwies. Im Rokoko ging es um den Wunsch, sich ewig zu erneuern, immer wieder anders zu erscheinen. Die der stilistischen Formensprache immanente unaufhörliche Bewegung bewirkte aber auch ein neuartiges künstlerisches Ambiente in der Wohnkultur und damit ein neues Lebensgefühl. Mehr als das Repräsentative wird nun das Stimmungshafte betont, im festlichen Rahmen wird das Intime und Familiäre nicht mehr versteckt, sondern fast genießerisch zur Schau gestellt. Man hat in diesem Zusammenhang von einer „unpathetischen Revolution" gesprochen[49], die eine über das 18. Jahrhundert hinausgehende epochale Bedeutung hatte. Im Stil des Rokoko wurden gewisse Grundpfeiler gelegt, auf denen der Historismus des 19. Jahrhunderts weitergebaut hat.

Schönbrunn spielt im Rokoko eine eigenartige Rolle. Die bis heute erhaltenen Interieurs stammen ausnahmslos aus der zweiten Hälfte des 18. Jahrhunderts, also aus der Spätzeit dieser Stilperiode. Sie sind deshalb mit französischen Vorbildern kaum vergleichbar. Die bekanntesten Schönbrunner Innenräume wurden erst in den sechziger Jahren ausgestaltet, zu einer Zeit also, da in Paris das Louis-quinze, der eigentliche Rokokostil, den Höhepunkt längst überschritten hatte und der Spätstil, das Louis-seize, bereits heraufdämmerte. In Schönbrunn mischten sich zu dieser Zeit verschiedene Stilelemente, teils konservativer Art, zum Teil aber auch recht fortschrittlich, und wuchsen zu einer eigenartigen Synthese zusammen, die verschiedene Möglichkeiten in sich trug, welche erst viel später — im Zeitalter des Historismus — zur völligen Entfaltung gelangt sind. Das Schönbrunner Rokoko bildet in mancher Hinsicht nur eine Ausgangsbasis und einen stilistischen Rahmen, der bald von neuen Ideen gesprengt werden sollte. Im Lauf der Regierungszeit Kaiserin Maria Theresias wurden sämtliche Räumlichkeiten des Schlosses des öfteren umgestaltet, so daß die Feststellung des Originalzustandes kaum möglich ist[50]. So wurden zum Beispiel die Wandteppiche im Gobelinsaal erst 1873 angebracht[51]. Es soll deshalb nur auf jene Räume eingegangen werden, deren Aussehen seit dem 18. Jahrhundert im wesentlichen unverändert blieb.

Es sind dies zunächst die großen Repräsentationssäle: die Große und die Kleine Galerie sowie die Zimmer mit den monumentalen Ereignisbildern, sodann die Zimmer mit Chinoiserie, zum Beispiel die beiden chinesischen Kabinette, das Millionenzimmer und das Vieux-laque-Zimmer, ferner einige intime Privaträume der kaiserlichen Familie wie das Porzellanzimmer, das Miniaturenkabinett und das Schreibzimmer, und schließlich die sogenannten Landschaftszimmer.

Nach der Technik der Ausgestaltung lassen sich bei den Rokokoräumen drei Gruppen unterscheiden, nämlich die mit kostbaren Stoffen oder Papiertapeten „spalierten“ Zimmer, deren Lambrien, Tür- und Fensterverkleidungen in gelbbraunem Nußbaumholz ausgeführt sind, sodann die Räume mit durchgehender Holzausstattung in Weiß und Gold und zuletzt die kleineren Zimmer mit kunstvollen Vertäfelungen, in die Bilddekorationen eingelassen sind.

Was ist nun die Eigenart des Schönbrunner Spätrokoko? In welcher Form wurde hier ein neues Repräsentationsideal zum Ausdruck gebracht? Wie sah jene Synthese aus, die dem festlich Repräsentativen und zugleich dem familiär Intimen genügen sollte — eine Frage, die sich wohl auch Maria Theresia bei der langwierigen Erneuerung der Innendekoration stellte.

Die Große und die Kleine Galerie sind das wichtigste innenarchitektonische Ergebnis von Pacassis Umbauten. Die Gestaltung dieser beiden axialen Repräsentationssäle wurde erst 1761 abgeschlossen, wie die Signaturen von Bolla und Guglielmi an der Stukkatur und am Deckenfresko zeigen. Die prunkvolle und festliche Ausstattung gilt noch heute als bedeutendstes Beispiel des Wiener Rokoko. Das Hauptmerkmal dieses Stils, die verspielte Rocaille, findet sich hier in zahlreichen Varianten. Die Wandgliederung des großen Saales ist von außerordentlich dynamischer Bewegtheit. Der strukturelle Rhythmus der kannelierten Pilaster wird durch die geschwungenen Supraporten und die schwebenden Konsolen in der Gebälkzone in solchem Maße aufgelockert, daß die Wand als raumgrenzendes Element sich aufzulösen scheint. An der Schmalseite der Kleinen Galerie befinden sich fast schon amorphe Pfeiler, die in geschwungener Form zur Decke aufstreben. In jedem einzelnen architektonischen Element ist die statische Form so weit wie möglich verdeckt. Die Öffnungen — Tür, Fenster, Spiegel — sind zur Steigerung einer Illusion eingesetzt, die den ganzen Raumeindruck bestimmt. Die spielerisch-festliche Gestaltung der Wände läßt sich aus dem französischen Rokoko ableiten; die Auflockerung der hochbarocken Schwere in den Festsälen war gewiß eine der ersten Zielsetzungen Pacassis.

Dieser erste Eindruck ändert sich jedoch unvermittelt, wenn man den Blick in die obere Sphäre richtet. Das flache Gewölbe beider Galerien ist mit großen Gemälden geschmückt, die zwar mit geschwungenen Rokokorahmen eingefaßt sind, deren Inhalt und Ausdruckskraft jedoch nicht in dem Maße der Stilauffassung des Rokoko entsprechen, wie es bei der ornamentalen Wandgliederung der Fall ist. Guglielmis Fresken entsprechen in wesentlichen Zügen nicht mehr der Geisteswelt des Rokoko[52]. Dargestellt ist die Macht des Hauses Österreich in Krieg und Frieden. Die Decke der Kleinen Galerie zeigt eine allegorische Verherrlichung des Hauses Österreich und seines milden Regiments. Im Mittelbild der Großen Galerie huldigen die österreichischen Erbländer dem Kaiserpaar und überbringen ihre Reichtümer; die seitlichen Bilder zeigen in Anspielung auf den Siebenjährigen Krieg die militärische Macht Österreichs und — ein Wunschbild — die Segnungen des Friedens. Im Zentrum des Mittelbildes ist die Verleihung des Maria-Theresien-Ordens dargestellt. Den Anlaß bildete der große Sieg bei Kolin im Jahr 1757. Dieses Bild entstand schon drei Jahre später und gewinnt dadurch eine besondere Bedeutung. Die schnelle Verewigung eines aktuellen Ereignisses als monumentales Werk an prominenter Stelle leitete eine neue Epoche in der österreichischen Malerei ein. Überdies ist das Herrscherpaar nicht mehr wie früher in eine überirdische Sphäre entrückt, es tritt vielmehr in einer „alltäglichen“, persönlichen Darstellung auf.

Neben sehr realistischen Zügen und Requisiten, die sich auf den ökonomischen Bereich beziehen, finden sich hier politische Momente, die das gesamte Deckenbild weitgehend aktualisieren. Die „inhaltschwere" Darstellungsweise wäre in der klassischen Phase des Rokoko nicht möglich gewesen; sie ist in gewisser Hinsicht schon richtungweisend für den Historismus des 19. Jahrhunderts. Deckenfresken und Wandgliederung in den Schönbrunner Festgalerien zeigen jedenfalls eine gewisse Diskrepanz in der Stilauffassung.
Ähnliches findet sich auch in einigen anderen Repräsentationsräumen, wo in die prunkvoll zierlichen Rokokowände monumentale Darstellungen von Ereignissen eingelassen wurden, die der Schule des Martin Meytens zugeschrieben werden. So sind im Zeremoniensaal die Bilder von der Vermählung Josephs II. mit Isabella von Parma aus dem Jahr 1760 angebracht. In anderen Räumen hängen Darstellungen der Krönung Josephs II. in Frankfurt, der Verleihung des Sankt Stephan-Ordens oder eines großen Karussells in der Winterreitschule der Wiener Hofburg. Ein neues Repräsentationsideal erscheint in solchen Bilderzyklen: sie sind nicht mehr durch allegorische Verbrämung in eine hieratische „ewige" Sphäre gehobene Apotheosen, sondern in realistischer Einfachheit erzählte Berichte, die das Geschehen aus programmatischen Gründen oder einfach zur Erinnerung festhalten wollen.
Der Rokoko-Stil hat in Räumen wie der Großen und Kleinen Galerie oder dem Zeremoniensaal eine Ernüchterung erfahren, die den Repräsentationsansprüchen der Dynastie adäquat war[53]. Das sinnliche und illusionistische Pariser Rokoko wurde in Schönbrunn nur als festlicher Rahmen verwendet, in dem inhaltsschwere Darstellungen angebracht wurden, die dem Geist des Rokoko nicht ganz entsprachen. Die in die rocaillengeschmückten Wände eingelassenen Bilder-

zyklen waren in mancher Hinsicht „moderner“ als die elegante Umrahmung.

Ein anderes Beispiel solcher Diskrepanzen ist das kleine Vieux-laque-Zimmer. In das exotisch anmutende Rokoko-Interieur wurden von Anfang an drei große Ölbilder komponiert, die Familiengeschichte vor Augen führen. In der Mitte der Rückwand befindet sich das lebensvolle Porträt des Kaisers Franz Stephan von Pompeo Batoni, an der linken Wand ein Bildnis der Infantin Ludovika, Großherzogin von Toscana, mit dreien ihrer Kinder, gemalt von Anton von Maron, und gegenüber Batonis bekanntes Bild von 1769, „Begegnung der beiden kaiserlichen Brüder Joseph und Leopold in Rom“. Diese Darstellung hat zur Zeit ihrer Entstehung große Bewunderung erregt[54]: dem historischen Treffen in Rom wurde große Bedeutung beigemessen, weil damit die Kontinuität der römisch-deutschen Kaiserwürde und deren Identität mit dem „Erzhaus“ demonstrativ zur Schau gestellt wurde. Pompeo Batoni, ein Freund von Mengs und Winckelmann, gab in diesem Bild ohne allegorische Erhöhung der Personen ein geschichtlich bedeutsames Ereignis von höchster Aktualität wieder.

Die Ausstattung des Vieux-laque-Zimmers ist ansonsten „exotisch“, sie zählt zur Chinoiserie[55]. Die Wände sind durch breitere und schmalere Vertikalstreifen gegliedert, in denen chinesische Lackbilder angebracht wurden, die landschaftliche Szenerien sowie Blumen- und Vogelstücke in Schwarz und Gold darstellen. Die wertvollen Tafeln wurden um 1770 für 12.869 Gulden gekauft; sie mußten seither öfter restauriert werden. Seit dem 17. Jahrhundert war das sogenannte Lackkabinett gewissermaßen obligat bei Interieurs, in denen die Chinoiserie eine Rolle spielte. Der Lack galt als besonders kostbares Material, er wurde in Europa von einheimischen Künstlern geschickt imitiert. Man hegte dafür eine ähnliche Begeisterung wie für Porzellan.

Die meisten Lackkabinette in deutschen Schlössern sind heute nur noch unvollständig erhalten, so daß das Schönbrunner Vieux-laque-Zimmer ein besonders wertvolles Beispiel für diese ehemals sehr verbreitete Ausstattungsart ist.
Ähnliche Lacktafeln zieren die beiden intimen Räumlichkeiten an den Seiten der Kleinen Galerie, das Ovale und das Runde Kabinett, die deshalb auch als „chinesische Kabinette" bezeichnet werden. Die Wände sind hier überdies durch Konsolen bereichert, die kleine Figürchen aus Speckstein oder Porzellan und orientalische Gefäße tragen. Auch die übrigen Einrichtungsgegenstände zeigen Motive der fernöstlichen Kunst: Kamine und Tische haben ebenfalls Lacktafelverzierungen, die Sitzmöbel sind mit Stoffbezügen aus chinesischer Seide bespannt.
Zu den prunkvollsten Rokoko-Orientalismen Schönbrunns zählt das Millionenzimmer, ursprünglich „Vicatin-Cabinet" genannt, nach der Vertäfelung aus kostbarem Rosenholz mittelamerikanischer Provenienz; gelegentlich findet sich auch die verballhornte Bezeichnung „Feketin-Zimmer". Die Ausstattung des Raums ist seit 1767 nachweisbar. Zur Zeit Maria Theresias gehörte das Zimmer zu den Audienz- und Konferenzräumen. Im Inventar von 1812 wird die Ausstattung mit „indianischen" schwarzen Tischen, japanischen Vasen und indischen Miniaturen angegeben. Diese 260 Miniaturen, die, in vergoldete Rocaillerahmen gefaßt, auf 60 Tafeln angeordnet sind, stammen aus dem späteren 16. und frühen 17. Jahrhundert und stellen Szenen aus dem höfischen Leben des Mogulreiches dar[56]; sie sind wahrscheinlich über Konstantinopel nach Europa gelangt und hier schon im 17. Jahrhundert bekanntgeworden.
Das Millionenzimmer ist ebenso wie das Vieux-laque-Zimmer und die beiden chinesischen Kabinette Pro-

dukt einer seltsamen Vorliebe der vornehmen Welt im 17. und 18. Jahrhundert, der schon erwähnten Chinoiserie. Im Mittelpunkt dieses spätbarocken Interesses stand nicht nur die chinesische Kunst, sondern die gesamte fernöstliche Kultur. In fürstlichen Häusern gehörte es seit dem Ende des 17. Jahrhunderts zum guten Ton, einige chinesische Interieurs zu haben. Die sogenannten „Chinesereien" sind in der Folge vom Rokoko nicht zu trennen. Die Identifikation mit einer fremdländisch-märchenhaften Atmosphäre ist geradezu ein Charakteristikum des Rokoko-Ambiente. In solchen Räumen wurde die Sehnsucht nach dem Entfernten und Unbekannten, die dieses Zeitalter kennzeichnet, besonders klar zum Ausdruck gebracht.

Die heute noch erhaltenen Beispiele der Schönbrunner Chinoiserie sind allerdings erst zu einer Zeit entstanden, als man in Frankreich dieser Dinge schon ziemlich überdrüssig war; sie gehören dem Ende der zweiten Periode der Chinoiserie an, jener Phase, wo die Chinamode freier und phantasievoller gestaltet wurde, wobei nun auch die Ironie nicht fehlt. Diese freier interpretierte fernöstliche Kunst wurde in die Theresianische Wohnkultur einbezogen. Der Wohnstil des Kaiserhauses wurde durch solche Chinoiserie-Interieurs grundlegend verändert und gewissermaßen aufgelockert.

Elemente einer neuen Wohnkultur finden sich auch in den anderen Zimmern des Schlosses, vor allem im Porzellanzimmer, auch Blaues Kabinett genannt, im Miniaturenkabinett und im Schreibzimmer. Die heutige Ausstattung des Porzellanzimmers[57] wurde 1772 fertiggestellt und geht angeblich auf einen Entwurf der ersten Gemahlin Kaiser Josephs II., Isabella von Parma, zurück. Durch blau und weiß gemalte Holzornamente, welche die Wände überziehen, wird ein porzellanähnlicher Effekt erzielt. Jedenfalls wirkt der Raum eigenartig intim. In verschiedenen rechteckigen Feldern des dekorativen Systems sind blaue Tuschzeichnungen angebracht, die zum Großteil von Kaiser Franz Stephan selbst stammen; aber auch die Erzherzoginnen waren hier fleißig am Werk, wie durch eine Inschrift bezeugt wird: *Figures Chinoises Tirées D'après Boucher et Pillement. Peintes en 1763 Par sa Majesté l'Empereur, l'Archiduchesse* [Marie Christine] *et l'Archiduchesse Marie* [Elisabeth]. Die Zeichnungen waren also bei Entstehung des Interieurs bereits vorhanden, und es scheint, als ob diese Ausstattung aus Pietätsgründen speziell für die Anbringung dieser sehr in Ehren gehaltenen Kunstwerke geschaffen wurde.

Von ähnlich familiär-intimer Art ist auch das Miniaturenkabinett[58], für das der Kaiser und seine Kinder zahlreiche Miniaturbildchen gemalt haben. Das Zimmer wird erstmals 1768 als „Ihro Mayt. Eck-Cabinet mit gemahlenen Bildern in Miniador" erwähnt, obwohl die vorhandenen Signaturen eine frühere Entstehung vermuten lassen. Auch im Schreibzimmer[59] hängen neunzehn Familienporträts en miniature, einige davon aus der Hand Erzherzogin Marie Christines. Außerdem finden sich in diesen Zimmern einige genrehafte Szenen, teils gezeichnet, teils gemalt, die das Alltagsleben der kaiserlichen Familie mit großer Unmittelbarkeit und ohne jedes Pathos schildern. Alle diese Bildchen sind zusammen eine diesen Räumlichkeiten adäquate Illustration, welche die veränderte spättheresianische Wohnkultur anschaulich vor Augen führt. Diese Ausstattungen sind nicht mehr unpersönlich erhaben, den Herrscher und seine Familie glorifizierend wie vordem, sie sind aber auch nicht mehr so verspielt wie die Chinoiserie-Interieurs aus der Blütezeit des Rokoko, sie wirken vielmehr fast vorbiedermeierlich, eine stille Demonstration des theresianischen Familienidylls[60]. Darin liegt die Eigenart, ja Einzigartigkeit des Schönbrunner Spätrokoko. Mit ihrer unpathetisch-vorbiedermeier-

lichen Note spielen diese kleinen Zimmer für das kommende Jahrhundert eine wichtige Rolle.
Zum Schönbrunner Spätrokoko gehören schließlich auch die sogenannten Landschaftszimmer. Bereits in den sechziger Jahren entstanden die drei „Rosa-Zimmer", wo goldgerahmte Landschaftsbilder von verschiedener Breite fast die gesamte Höhe der Wände einnehmen. Die Bilder wurden von Joseph Rosa, damaligem königlich-polnischen Kammermaler und späterem Direktor der kaiserlichen Gemäldegalerie, gemalt, und stellen verschiedene Alpenszenerien dar. Die künstlerische Qualität dieser Bilder ist nicht hervorragend, aber das Thema verdient Aufmerksamkeit: es entspricht der damals herrschenden frühromantischen Begeisterung für die Alpen. Die wilde Schönheit der Alpenlandschaft steht in eigentümlichen Gegensatz zu der verspielten Rokokoumrahmung. Unter diesen Bildern befindet sich auch eine idealisierte Darstellung der Habsburg, des Stammsitzes der Dynastie. An anderer Stelle hat sich der Maler selbst porträtiert.
Im Erdgeschoß des Schlosses wurde eine Reihe von Zimmern von dem Maler Johann Bergl [61] mit illusionistischen Landschaftsmalereien ausgestattet. Acht dieser heute „Bergl-Zimmer" genannten Räume liegen im östlichen Trakt, drei weitere im Westtrakt; bei den letztgenannten ist die Mitarbeit des Malers Martin Steinrucker bezeugt. Die exotisch anmutenden Szenerien bedecken die gesamten Wände und erwecken die Illusion einer unendlich weiten und luftigen Tropenlandschaft. Solche Landschaftszimmer, in denen der Illusionismus auch auf einzelne Einrichtungsgegenstände übergreift — wie hier zum Beispiel auf einen Ofen, der Baumgestalt hat —, sind in dieser Zeit nichts Ungewöhnliches [62], doch sind die Schönbrunner Malereien von besonderer Qualität. Die getreue Wiedergabe einzelner Pflanzen scheint auf Naturstudien zu basieren.

Es ist nicht auszuschließen, daß die Schönbrunner Botaniker mit ihren ergebnisreichen Expeditionen einen gewissen Einfluß auf den Maler, der dieses Werk in den siebziger Jahren fertigstellte, ausgeübt haben.

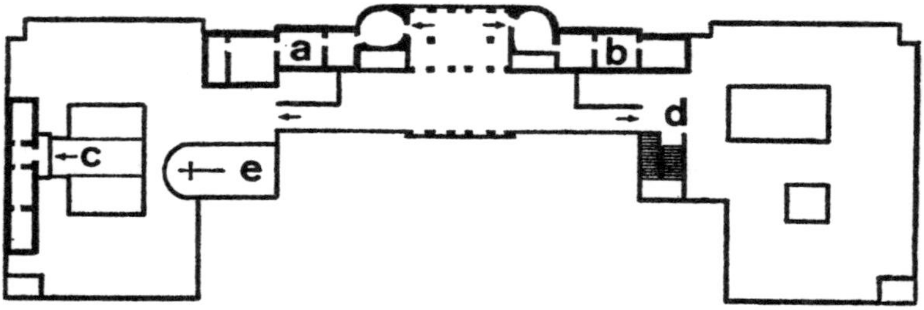

Die „Bergl-Zimmer" im Erdgeschoß des Schlosses

a Goëss-Appartement
b Gisela-Appartement
c Kronprinz Rudolf-(Maria Anna-) Appartement
d Zu den Schauräumen
e Schloßkapelle

Mit der bildlichen Rokoko-Ausstattung des Schlosses waren zahlreiche Künstler beschäftigt. In den ersten Jahrzehnten der theresianischen Ära wurden französische Rokokomaler wie zum Beispiel Louis Vigée-Le Brun oder Jean Etienne Liotard bevorzugt; später wurden neben den Italienern und der Künstlerkolonie aus Lothringen auch in Wien ausgebildete und ausschließlich hier tätige Maler herangezogen. Pompeo Batoni und Anton von Maron wurden bereits erwähnt: beider Oeuvre zählt zum Wiener Frühklassizismus, der auch sonst in Schönbrunn mit bedeutenden Beispielen vertreten ist. Eine bemerkenswerte Künstlerin war die lothringische Porträt- und Genremalerin Gabrielle Bertrand, die 1738 nach Wien kam und hier 1771 den in Schönbrunn tätigen Bildhauer Wilhelm Beyer heiratete. Unter anderem hat sie das heute nicht mehr erhaltene Schwarze Kabinett ausgestattet[63]. Sie war Zeichenlehrerin der kaiserlichen Töchter und begleitete 1768 ihre Schülerin Erzherzogin Carolina nach Neapel. Ihr Hauptwerk, „Maria Theresia legt den Trauerschleier für ihren Gatten ab und ergreift die Regierungsgeschäfte", ist ähnlich wie Batonis „Begegnung der kaiserlichen Brüder in Rom" ein Vorläufer der späteren Historienmalerei.

Eine Hauptrolle bei der malerischen Ausstattung Schönbrunns spielte von Anfang an der in Stockholm geborene und seit 1721 in Wien lebende holländische Maler Martin van Meytens[64], der zahlreiche Gruppenporträts der kaiserlichen Familie schuf, daneben aber auch die Anfertigung der großen Historienbilder überwacht haben dürfte. Sein Leben und sein Werk erfüllten sich im Dienst der Kaiserin Maria Theresia. Er war so innig mit Schönbrunn verbunden, wie von den damaligen Hofkünstlern vielleicht nur Pietro Antonio Metastasio, von dem noch die Rede sein wird.

Die Spätrokoko-Ausstattung Schönbrunns, die im wesentlichen zwischen 1760 und 1775 fertiggestellt wurde, birgt also viele Stilelemente in sich, die in die Zukunft weisen. Die Ansätze zur frühen Historienmalerei, die vorbiedermeierlich intime Ausstattung und die auf der Höhe der Zeit stehenden Werke der Landschaftskunst erweisen, daß die Schönbrunner Interieurausstattung an der Schwelle eines neuen Zeitalters entstanden ist.

DAS SCHLOSSTHEATER

In Fischers zweitem Plan war noch kein Theater vorgesehen. Zu dieser Zeit fanden Bühnenveranstaltungen in der kaiserlichen Favorita auf der Wieden statt, wo sich das musikalische und theatralische Leben Wiens unter Kaiser Leopold I. und noch unter Kaiser Karl VI. konzentrierte. Dort erlebte auch die junge Maria Theresia ihre ersten festlichen Schauspiel- und Opernaufführungen, ja sie hatte sogar Gelegenheit, ihre musikalischen Talente in öffentlichen Auftritten zu zeigen. In Schönbrunn entstand das Schloßtheater auf ausdrücklichen Wunsch der Herrscherin während der Umgestaltung zwischen 1743 und 1749. Nach einem Entwurf von Nicolaus Pacassi wurde am nördlichen Ende des westlichen Ehrenhoftraktes eine intime Theateranlage errichtet. Vor der Fertigstellung des Theaters veranstaltete man die Bühnenaufführungen entweder im Ehrenhof oder im Garten, manchmal auch in zu diesem Zweck umgestalteten und dekorierten Innenräumen des Schlosses. Fürst Khevenhüller berichtet am 5. Oktober 1746, man habe „in der Eille in denen untern noch nicht ausgebauten Gemächern ein Theatrum zurichten lassen..." Auch später noch pflegte man ab und zu in der Großen oder Kleinen Galerie Theater zu spielen; die Rokokoräumlichkeiten boten dafür einen festlichen Rahmen.

1747 war das Schloßtheater fertiggestellt. Am 4. Oktober, dem Namenstag der Kaiserin, so berichtet Fürst Khevenhüller, wurde abends „von Dames und Cavaliers eine Comedie in dem neuen Theatro zu Schönbrunn producieret, le dissipateur genannt..." Die geladenen Gäste saßen „in Parterre (allwo für dieselbe die Fauteuils nach altem Gebrauch gestellet waren)". Auch das Wienerische Diarium berichtet am 7. Oktober 1747 von der Eröffnung des neuen Theaters und der dort veranstalteten Galavorstellung.

Der Zuschauerraum, der mit einer Galerie mit Mittelloge und zwei der Bühne benachbarten Balkons ausgestattet war, entsprach mehr dem damaligen französischen Theatertypus[65]. An dieser Baugestalt wurde in den Jahren 1766 und 1767, als Hetzendorf von Hohenberg den Innenraum neu dekorierte, vermutlich nicht viel verändert. Aus dem erwähnten Streit zwischen dem Architekten und dem Schloßinspektor Karner geht nicht hervor, wie weit die damaligen Arbeiten die Bausubstanz betroffen haben. Die von Pacassi konzipierte Raumform mit ovalem Grundriß, die flache Decke und die Balkone wurden jedenfalls im Prinzip beibehalten[66]. Hohenbergs neue Ausstattung ist ein typisches Beispiel eines kunstvollen Spätrokoko-Interieurs. Die gemalte Pilasterordnung, der illusionistische Plafond, die gemalten Gehänge, Voluten, Rocaillen und besonders die kecken Puttofiguren, die wie Darsteller einer Stegreifkomödie auftreten und mit ihren Requisiten ein drolliges Spiel mit der Bühnenkunst treiben, tragen zur Schaffung eines verspielten, luftigen Rokokoraumes bei, der sich der übrigen Ausstattung des Schlosses anpaßt. Die Malerei bezog sich auf ein konkretes Ereignis, nämlich auf die Vermählung der Erzherzogin Marie Christine mit dem Prinzen Albert von Sachsen; daher finden sich auf dem Plafond die Monogramme *A S* und *C S*.

Die Qualität dieser Malereien wurde jedoch wegen ihres etwas unbestimmten Charakters von den Zeitgenossen angezweifelt; auch Fürst Kaunitz, der die Kaiserin damals in Bauangelegenheiten beriet, war nicht sehr zu-

frieden. Hohenberg mußte sich mit der Ausführung durch Gehilfen entschuldigen[67]. Trotz dieser Mängel, die wir heute nicht mehr als solche empfinden, und mehrfacher späterer Veränderungen, von denen jene von 1873, 1908 und 1924 — letztere schon die Adaptierung für das Reinhardt-Seminar — gar nicht so gering sind, stellt dieses Rokokotheater ein bedeutendes Denkmal theresianischer Hofkultur dar.
Zur Zeit der Kaiserin fanden hier wichtige literarische und musikalische Ereignisse statt. Der Hof pflegte meist nach der Falkenbeize abends das Theater zu besuchen. Die Herrscherin wohnte der Vorstellung entweder im Parkett oder in der Kaiserloge bei. Nicht selten erteilte sie auch während einer Aufführung Audienzen. Das Theater war Ausdrucksmittel und Höhepunkt festlicher Anlässe sowohl des familiären wie des öffentlichen Lebens. Hier wurden Namenstage gefeiert, wobei die kaiserlichen Kinder Gelegenheit hatten, öffentlich aufzutreten, aber auch Erfolge der kaiserlichen Heere, wie der Sieg über Friedrich II. am 14. Oktober 1758 bei Hochkirch; die Schönbrunner Bühne war dabei mit echten Trophäen dekoriert. „Spectacle müssen sein", pflegte die Kaiserin zu sagen, „ohnedem kann man nicht hier in einer solchen großen Residenz leben." Der Zutritt in das Theater war zeremoniell streng geregelt: die Hofämter und Konferenzminister hatten ihre Stammsitze, jeder bekam vier Karten zugeteilt. Hin und wieder durften in den rückwärtigen „Croisées der Fenster noch einige der Kammerdienerinnen und distinguirte Hofleute, auch par faveur einige messieurs du second ordre" anwesend sein.
Das Schönbrunner Theater bewahrte noch einige Zeit Traditionen älterer höfischer Kultur und eines barocken Theaters, wo die Spiele nicht nur dem Divertissement dienten, sondern auch Gelegenheit zu aktiver Mitwirkung boten. Im Rokoko gab es keine scharfe Tren-

nung zwischen Spiel und täglichem Leben, so daß eigentlich das ganze Lustschloß und das Leben und Treiben darin eine Art von Theater darstellte. Maria Theresia war in ihren jüngeren Jahren eine begeisterte Sängerin, Schauspielerin und Tänzerin. So berichtete das Wienerische Diarium vom 17. Mai 1724 über eine Aufführung am Wiener Hofe, wo „eine noch niemals dahier und fast durch gantz Europe gesehene Lob und sehenswürdigste Opera [„Euristeo" von Zeno und Caldara], wobei auch die Durchleuchtigsten carolinischen Ertz-Herzoginnen und Infantinnen, als Maria Theresia und Maria Anna die Täntze aufgeführt und die Actores, Täntzer und Täntzerinnen und Chorus musicus aus lauter adeligsten Personen bestanden mit großer Magnifizenz und Ruhm zum ersten Mal vorgestellet" wurde. Es war auch später üblich, daß Mitglieder des Kaiserhauses und des höfischen Adels auf der Bühne auftraten. Als aber Maria Theresia selbst als Kaiserin anläßlich der Vermählung ihrer Schwester Marianne im Jahr 1744 in der Oper „Impermenestra" von Hasse und Metastasio persönlich auftreten wollte, wurden doch ernsthafte Bedenken erhoben. Der treue Khevenhüller meinte zu dieser Kritik an seiner Herrin: „... als ob es contra decorum laufen würde, wenn eine regierende Königin sich en spectacle geben wollte, man pflege ansonsten doch nicht so austère zu sein und hätte sich endlich mit dem Beispiel des Louis XIV. bedecken können, welcher auf comödien öffentlich gedanzet". Bis an ihr Lebensende bewahrte Maria Theresia reges Interesse für musikalische und theatralische Ereignisse. Sie schätzte besonders die italienischen Komponisten; die deutschen waren ihr nicht virtuos genug. So schreibt sie in einem Brief aus dem Jahr 1772 an Erzherzogin Maria Beatrice über Haydn, er habe zwar eigenartige Ideen in der Instrumentierung — „aber es ist erst ein Anfang".

Das Schönbrunner Schloßtheater, von Khevenhüller abwechselnd *Opera Haus* oder *Theatrum* genannt, war vor allem für musikalische Spiele, Opern, Ballette und operettenartige Komödien bestimmt; das Schauspiel blieb im allgemeinen dem Burgtheater vorbehalten. Von den Poeten, die der Schönbrunner Bühne verpflichtet waren, ist vor allen Maria Theresias Lieblingsdichter Pietro Antonio Metastasio zu nennen. Der 1698 in Rom geborene wurde 1729 von Kaiser Karl VI. nach Wien gerufen, wo er bis zu seinem Tod im Jahr 1782 blieb. Seine leicht vertonbaren liederartigen Gedichte und geistreichen Operntexte haben seinen Ruhm begründet. Metastasio liebte Wien und dankte seinen kaiserlichen Gönnern durch unwandelbare Ergebenheit. Die berühmt gewordene Ode an das Schloß Schönbrunn, *La deliziosa Imperial Residenza di Schönbrunn,* die der Achtundsiebzigjährige verfaßte, ist ein sprechender Beweis dafür. In der Regierungszeit Karls VI. trat er des öfteren mit verschiedenen Werken in Laxenburg und in der Favorita auf, und er verstand es immer, Lob zu ernten. Für das Schönbrunner Schloßtheater hat Metastasio zahlreiche Texte verfaßt, die vertont und feierlich vorgetragen wurden. Ein großes Ereignis war die Aufführung der Oper *L'eroë Cinese* im Jahr 1752. Die von Giuseppe Bonno in Musik gesetzte Oper war, wie Fürst Khevenhüller in seinem Tagebuch vermerkt, „eine abermahlige stattliche Arbeit des berühmten Metastasio". Mitglieder des Hochadels tanzten „chinesische" und „tatarische" Ballettstücke. Das Phänomen Chinoiserie zeigt sich hier auch in theatralischer Form. Man weiß von mehreren ähnlichen Vorführungen, etwa der musikalischen Komödie *Indienne.* Solche literarischen Ereignisse mögen nicht ohne Einfluß auf die künstlerische Ausstattung des Schlosses geblieben sein.
1764 wurde Carlo Goldonis Opera buffa *La buona figliuola* mit der Musik Piccinis in Schönbrunn gespielt.

Aber der Erfolg dieses Stückes wurde bei weitem übertroffen durch Metastasios Oper *Il Parnasso confuso,* zu der Gluck die Musik schrieb und die bei den Festlichkeiten anläßlich der Vermählung Josephs II. mit Maria Josepha von Bayern, seiner zweiten Gemahlin, in Schönbrunn aufgeführt wurde. Die Uraufführung am 24. Januar 1765 fand allerdings nicht im Schloßtheater, sondern im Zeremoniensaal statt. Nach der Vorstellung schickte Maria Theresia dem Dichter einen ganz persönlichen Dankbrief und beschenkte ihn reichlich. Im Sommer 1767, als Metastasio mit dem Gedicht *La Pubblica Felicità* die Genesung der Kaiserin feierte — sie hatte die Pocken überstanden —, überreichte ihm die Herrscherin eigenhändig eine mit ihrem Bildnis und Brillanten geschmückte Dose zur Erinnerung. Metastasio ist kein Großer der Literatur des 18. Jahrhunderts, aber er war ein begabter Poet, der bei den Hoffesten in Schönbrunn und andernorts eine festliche Atmosphäre zu schaffen verstand. Seine epigonenhaften historischen Tragödien, meist Themen aus der Antike, sind längst verschollen, aber seine heiteren, manchmal spöttischen Rokokotexte leben als Elemente des Gesamtkunstwerks Schönbrunn weiter.
Ungleich bedeutender war der Komponist Christoph Willibald Gluck, der auch die anderen Schönbrunner Hofmusikanten wie zum Beispiel Johann Adolf Hasse, Florian Leopold Gaßmann oder Georg Christoph Wagenseil weit überragt. Auf ihn und seinen Freund Ranieri di Calzabigi gehen einige Reformen des Musiktheaters zurück, die schon 1761 einsetzen. 1767 wurde Calzabigis *Alceste* mit der Musik Glucks im Schloßtheater uraufgeführt. Dieses Stück gehört mit seiner der antiken Dramatik nachempfundenen schlichten Handlung und den „klassischen" Charakteren zu einer Reihe ähnlicher Kompositionen, in welchen die noch von Metastasio kultivierte Rokokooper mit ihren Ga-

lanterien und Spitzfindigkeiten überwunden scheint. Zu dieser Zeit existierte Hohenbergs frühklassizistisches Gartenkonzept noch nicht, und man könnte vermuten, daß bei der Entstehung des „mythologischen“ Gartens gewisse literarische Einflüsse der ersten Antikenwelle mitgespielt haben, ähnlich wie es bei der Chinoiserie der Fall war.

Die Verbindung Wolfgang Amadeus Mozarts mit Schönbrunn ist aus verschiedenen Anekdoten bekannt. Höhepunkt des Auftritts des Wunderknaben im Lustschloß im Jahr 1762 war jener Moment, als der Sechsjährige nach virtuosem Spiel der Kaiserin auf den Schoß sprang, um sie abzuküssen. Leopold Mozart schrieb darüber am 16. Oktober 1762 an Lorenz Hagenauer: „Hauptsächlich erstaunt alles ob den Buben, und habe noch niemanden gehört, der nicht sagte, daß es unbegreiflich sei...“

DER LUSTGARTEN UND SEINE MYTHOLOGISCHE AUSSTATTUNG

Der Schönbrunner Garten mit seinem streng logischen System von durchlaufenden Alleen, strahlenförmig oder diagonal angeordneten Wegen und kleineren und größeren Plätzen erscheint erstmals kartographisch dargestellt in einem Plan des Ingenieurs Jean Baptiste Brequin aus dem Jahr 1754[68]. Diese Lustanlage wurde erst in den siebziger Jahren durch antikisierende Bauten bereichert und mit zahlreichen mythologischen Statuen bevölkert, womit dem Garten ein völlig anderer Charakter verliehen wurde.
Der zweite ausgeführte Entwurf Johann Bernhard Fischers von Erlach ist zugleich der erste Plan zur Ausgestaltung des Gartens. Fischer hat bei diesem architektonischen Entwurf naturgemäß weniger Sorgfalt für den Garten aufgewendet: er ist bloß in skizzenhafter und schematischer Form dargestellt. Die Anlegung des Schönbrunner Lustgartens im letzten Jahrzehnt des 17. Jahrhunderts ist indes eindeutig mit einem anderen Namen verbunden, nämlich mit dem des Franzosen Jean Trehet[69], der seit 1686 am kaiserlichen Hof als „Spaliermacher" und „Tappissier-Inspector", also nach heutigen Begriffen als Innendekorateur tätig war und sich jedenfalls seit 1695 bemühte, seine Fähigkeiten auch als Garteningenieur unter Beweis zu stellen: Ab diesem Zeitpunkt war er jährlich neun Monate in Schönbrunn mit der Ausgestaltung des Gartens beschäftigt. Es ist unklar, ob der erste Entwurf des Lustgartens auf Fischer oder Trehet zurückgeht;

es wäre aber möglich, daß zwischen den beiden ein konsultatives Verhältnis bestanden hat. Trehet wurde 1698 auf Anraten des Fürsten Salm in einige Residenzen im Westen des Reiches und nach Paris geschickt, um dort „rares Baum und Blumenwerckh" einzukaufen und von Lusthäusern und Gärten verschiedene „Risse" zu machen.
In Fischers zweitem Entwurf ist das breite Gelände hinter dem Schloß durch einen teppichartigen Raster parallel laufender Wege und kleinerer Querverbindungen gegliedert[70]. Durch dieses geometrische Koordinatensystem entsteht der Eindruck einer perspektivischen Unendlichkeit, in der die gartenkünstlerischen Einzelheiten Nebensache geworden sind. Der Wald steht wie eine Kulisse im Hintergrund (heute ist er bis zum Bauwerk vorgezogen). In der Verlängerung der Zentralachse läuft mitten durch den Wald eine Allee bis zur Bergeshöhe, wo heute die Gloriette steht. An dieser Stelle war von Fischer ein „Belvedere", ein kleinerer Aussichtspavillon, geplant, der den Blick vom Schloß auf sich ziehen sollte. Der mittlere Teil der Ebene hinter dem Schloß wird durch ein abgesondertes großes Parterre hervorgehoben, das von einem schiffbaren Kanal umgeben werden sollte. An den äußeren Ecken dieses Wasserweges stehen als architektonische Akzente in der monotonen Gliederung der Ebene tempelförmige Rundpavillons, und Kolonnaden flankieren die Mündung der Schneise am Fuß des Berghanges. In der Mittelallee befindet sich nicht weit hinter dem Schloß ein rosettenförmiges Springbrunnenbassin, das später tatsächlich an dieser Stelle aufgestellt und erst in den siebziger Jahren des 18. Jahrhunderts in die rechte Diagonalallee versetzt wurde.
Der Einfluß des französischen Gartenarchitekten Le Nôtre ist unverkennbar. Die Hauptwerke dieses Künstlers — Vaux-le-Vicomte, der Garten der Tuilerien und

Versailles — wurden im Lauf des 17. Jahrhunderts in ganz Europa bekannt und als Vorbilder betrachtet. Der von Le Nôtre teils vervollständigte, teils erfundene Gartentypus wurde später schlechthin als „französischer Garten" bezeichnet: es ist die rationale Organisierung der Natur in einem großen, ja monumentalen System. Der ganze Garten mußte durch freie, in die Ferne laufende Blickbahnen auf das zentrale Bauwerk bezogen werden. Das bedeutete, daß der Garten vom Schloß aus durch große Alleen — die gleichzeitig als Achsen gedacht waren — überschaubar wurde, und daß seine Hauptakzente mit dem Ausgangspunkt in optische Verbindung treten mußten. Demnach mußte im französischen Garten jede Einzelheit durch regelmäßige Verbindungslinien systematisch in die großen Zusammenhänge eingefügt werden. Die Zeitgenossen nannten Le Nôtre einen Meister der Eleganz und der Einfachheit. Diese *simplicité,* die auf einer umfassenden Logik basiert, ist nach Descartes das Kriterium der Wahrheit und — nach Meinung einiger Theoretiker des 17. Jahrhunderts — auch der Schönheit[71]. Die reine Geometrie, die Le Nôtres Gärten verkörpern, ist nach François Blondel dem Älteren die Schöpferin der Schönheit. Dieser heroische Humanismus im Sinne Platons bildete auch in Schönbrunn die Grundlage für die ursprüngliche künstlerische Zielsetzung. Sowohl Fischer als auch Trehet ließen sich von diesen idealen Vorstellungen beeinflussen.

Die Realisierung entsprach jedoch nicht in allem dem Entwurf Fischers. Wie die Quellen berichten, hat der Garteninspektor Trehet 1698 aus Paris „tausend Stückh junge Tapis Bäumbl" mitgebracht, und diese waren zur Bepflanzung des ebenen Bereichs zu beiden Seiten des heutigen Blumenparterres vorgesehen. Den frühesten Beschreibungen des Gartens ist leider nicht zu entnehmen, wie das Werk Trehets um 1700 tatsächlich ausgesehen hat. Sowohl die Mitteilungen Reiffenstuehls von 1703 als auch Küchelbeckers Bericht von 1730 sind in dieser Hinsicht viel zu dürftig. Daß der Entwurf Fischers zumindest zum Teil verwirklicht wurde, läßt sich indes durch zwei alte Ansichten belegen: der schon erwähnte Stich von Jungmann und Bohacz aus dem Jahr 1744 gibt die Fischersche Gartenform wieder (wobei offen bleibt, ob Jungmann nicht bloß die Darstellung Fischers als Vorlage benützt hat), und auch ein Projekt J. Hätzls von 1748 zeigt den gleichen geschwungenen Abschluß des Gartenparterres[72]. Demnach müßte der Garten hinter dem Schloß einen kleineren Bereich eingenommen haben als die heutige Anlage. Die Grenze dieses reichgestalteten Territoriums deckte sich mit dem Verlauf des nicht ausgeführten Wasserkanals. Trehets Tätigkeit spielte sich also in einem Garten ab, von dem heute kaum noch eine Spur existiert.

Das jetzige, ebenfalls französische System des Schönbrunner Lustgartens, wie es 1754 auf dem Plan von Brequin gezeigt wird, entstand um die Mitte des 18. Jahrhunderts. Es ist keineswegs das Werk des Architekten Hohenberg oder des Hofgärtners Adrian van Steckhoven, wie fälschlich behauptet wird[73]. Khevenhüller berichtet, daß Kaiserin Maria Theresia anläßlich einer Visite am 15. Juni 1744 die „mit villem Eiffer fortsetzenden Arbeiten und sowol im Schloß als Garten mit großen Unkosten machende Embellissementen besahe". Daß der Garten schon in den frühen fünfziger Jahren der Vollendung entgegenging, erweist außer dem Plan des Garteningenieurs Brequin auch das bekannte Ölgemälde von Canaletto aus dem Jahr 1759. Damit ist noch nicht gesagt, daß der in Laxenburg vielbeschäftigte Brequin Urheber des Schönbrunner Gartensystems ist, da in diesem Zusammenhang auch Louis Ferdinand de Nesle, genannt Gervais, erwähnt wird, der seit 1747 in Wien wirkte und Pläne für den Schönbrunner Garten entwarf[74].

Brequins Plan zeigt, daß die Talebene nun nicht nur im zentralen Parterre, sondern in ihrer gesamten Breite gestaltet wurde. Hier entstand ein kompliziertes System von Alleen, Wegen und Bosketten, das im wesentlichen bis heute unverändert erhalten geblieben ist. Das „angenehme Lustwäldchen“ auf der Bergflanke erhielt strahlenförmig angeordnete Wege, wobei die breite mittlere Schneise einstweilen leergelassen wurde. Das Blumenparterre bildete weiterhin die zentrale Achse des weitläufigen Parks. Das von Fischer entworfene Sternbassin blieb zunächst an seiner Stelle. Parallel zur Gartenfront des Schlosses wurde die breite Lichte Allee angelegt, in der gelegentlich Paraden stattgefunden haben. Drei weitere Alleen ziehen durch die gesamte Breite des Areals: die Finstere Allee, die Lindenallee und die Rustenallee. Einen besonders reizvollen Durchblick gewähren die von der Schloßmitte auslaufenden Diagonalachsen: die rechte verbindet das Schloß mit dem Tiergarten, die linke, erst später vollendete, führt zu der in den siebziger Jahren errichteten Obelisken-Kaskade.

Innerhalb dieses großen Systems sind zwischen 1750 und 1755 mehrere kleinere Garteneinheiten geschaffen worden, und zwar zunächst in unmittelbarer Nachbarschaft des Schlosses der Kronprinzengarten und der reizvolle Kammergarten nach Plänen des Hofarchitekten Jean Nicolas Jadot; 1771 sind dort die eisernen Laubengänge und die Treillage-Pavillons (aus Holzflechtwerk) aufgestellt worden, die im Inneren illusionistische Malereien von Schülern Johann Bergls aufweisen; 1753 wurde der Holländische Garten vom Hofgärtner Steckhoven angelegt und schließlich 1755 die Orangerie errichtet; davon wird noch die Rede sein.

Der um die Mitte des 18. Jahrhunderts nach französischem Muster geschaffene Schönbrunner Lustgarten entbehrte noch jeglicher architektonischen und skulpturalen Ausstattung. Es war hier ein großer Ziergarten entstanden, der in manchen Teilen den Naturwissenschaften gewidmet war, die damals bereits allgemeines Interesse fanden. Die einzige baukünstlerische Tätigkeit bestand vorerst in der Errichtung eines Tiergartens, da dies dem Kaiser besonders am Herzen lag. Jadot entwarf 1751 die Menagerie mit den um einen Mittelpavillon ringförmig angeordneten zwölf Tierhäusern, die noch heute den Kern des Schönbrunner Tiergartens bilden. Um diese Zeit ließ Maria Theresia für ihren Leibarzt Gerhard van Swieten ein Wohnhaus nächst der Hietzinger Kirche errichten — damals noch außerhalb des Parks gelegen —, das später „Kaiserstöckl" oder auch „Kaiserhaus" genannt wurde und bis 1918 dem jeweiligen Minister des Äußeren im Sommer als Wohnsitz zur Verfügung stand. Dieses Bauwerk wurde um 1770 vergrößert und umgestaltet.
Gegen 1758 entstand dann über jener Quelle, deren klares Wasser dem Schloß den Namen gegeben hat, ein grottenartiges Brunnenhäuschen, in dem später (nach einem von Isidor Canevale ausgeführten Umbau?) die von Beyer geschaffene Statue der Quellennymphe Egeria aufgestellt wurde. Ansonsten fehlten zunächst noch die architektonischen Akzente, die zur künstlerischen Vollendung der ausgedehnten Parkanlage unentbehrlich waren.
Erst Ende der sechziger Jahre entschloß sich Kaiserin Maria Theresia zur Fortsetzung der Arbeiten im Garten. Diesmal griff der Staatskanzler und Ratgeber der Herrscherin, Fürst Wenzel Anton Kaunitz-Rietberg, energisch in die Planung ein. Die beiden Künstler, denen der Löwenanteil an der Verschönerung des Gartens zufiel, nämlich der Architekt Hetzendorf von

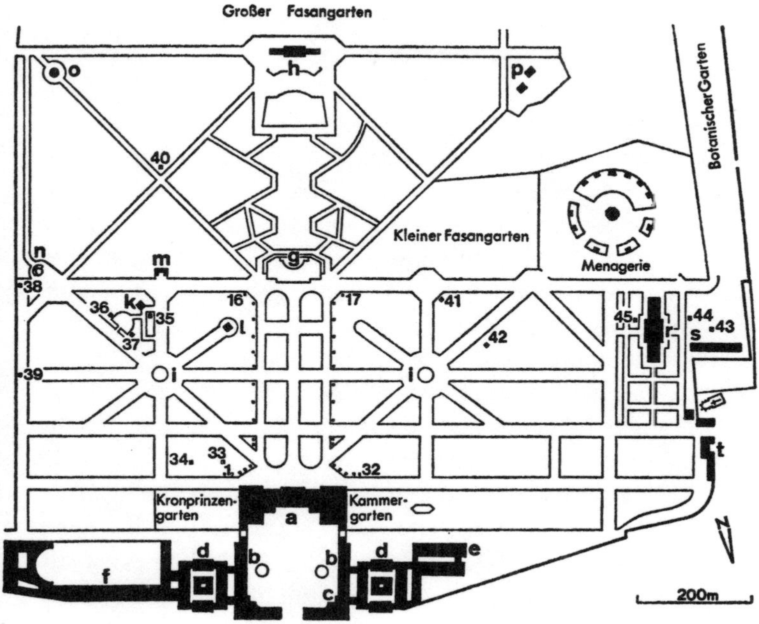

Schematischer Plan von Schönbrunn

a Schloß
b Kavaliertrakt
c Schloßtheater
d Ehem. Stallgebäude
e Wagenburg
f Orangerie
g Neptunbrunnen
h Gloriette
i Najadenbrunnen
k Schöner Brunnen
l Taubenhaus
m Römische Ruine
n Obelisk-Kaskade
o Kleine Gloriette
p Tirolergarten
r Palmenhaus
s Sonnenuhrhaus
t Kaiserstöckl

Plastiken: 1 Artemisia (S, H), 2 Kalliope (B), 3 Brutus und Lukretia (Pl), 4 Dionysos und Demeter (G), 5 Äneas und Anchises (Pr), 6 Angerona (B), 7 Jason (B), 8 Aspasia (B), 9 Omphale (W), 10, 11 Bacchantin (B), 12 Apollo (B), 13 Hygieia (H), 14 Vestalin (H, Po), 15 Paris (K), 16 Hannibal (H), 17 Meleager (B), 18 Merkur (Pl), 19 Opferpriesterin (W), 20 Sibylle (B, H), 21 Äskulap (K), 22, 23 Nymphe (H), 24 Herkules (Pl), 25 Perseus (B, Zä), 26 Fabius Cunctator (H), 27 Flora (B), 28 Raub der Helena (B), 29 Janus und Bellona (B), 30 Mars und Minerva (H), 31 Amphion (H), 32 Mucius Scävola (F), 33 Olympia und Alexander (B), 34 Denkmal der Maria Carolina (T), 35 Kybele (B), 36 Cincinnatus (B), 37 Eurydike (B), 38 Römische Matrone (H), 39 Hesperia und Arethusa (H), 40 Herkules mit Zerberus (B), 41 Diana (H), 42 Apollo (H), 43 Joseph II. (Z), 44 Franz I. (M), 45 Denkstein für den Botaniker Siebold.

Bildhauer: B: Beyer, F: Fischer, G: Günther, H: Hagenauer, K: Königer, M: Moll, Pl: Platzer, Po: Posch, Pr: Prokop, S: Schletterer, T: Thaler, W: Weinmüller, Z: Zauner, Zä: Zächerle

Hohenberg und der Bildhauer Beyer, sind von Kaunitz empfohlen und gefördert worden.
Hohenberg hatte die baukünstlerische Leitung bald nach 1765 übernommen und sich zuerst mit der Verschönerung des Schönbrunner Berges beschäftigt[75]. Die zentrale Schneise auf der Bergflanke war ja leergelassen worden, und es ist anzunehmen, daß man von Anfang an die Gestaltung dieses Gartenteiles beabsichtigte. Hohenbergs erster Plan zeigt eine unvergleichlich aufwendigere Form als die endgültige Ausführung. Die fast bühnenhaft gegliederte Bergflanke ist an ihrem Fuß von einer Kaskade gesäumt. Eine dreiteilige Wassertreppe führt empor zur Bergeshöhe, die ein gleichsam über dem Wasser schwebender Pavillon krönt. Dieser Pavillon hat ganz andere Gestalt als die heutige Gloriette. Zu beiden Seiten der Wassertreppe befinden sich Rampen in Zickzack-Form; hier hätten Rostral- und Ehrensäulen, Obelisken, Triumphbögen und Reiterstandbilder Platz finden sollen. Das Vorbild dürfte die gewaltige Wassertreppenanlage in Caserta gewesen sein, die seit 1752 nach dem Plan Vanvitellis ausgeführt wurde[76]. Dieser unausgeführte Plan Hohenbergs, der in der Wiener Albertina aufbewahrt wird, hat zu seiner Zeit großes Aufsehen erregt; er wurde in allen möglichen Städten Europas aufgestellt, natürlich auch in Paris, und bewog sogar die Französische Akademie zu dem außergewöhnlichen Entschluß, den österreichischen Architekten zu ihrem ordentlichen Mitglied zu ernennen; eine Vermittlung Königin Marie Antoinettes ist dabei nicht auszuschließen. Der erste Plan Hohenbergs wurde jedoch trotz aller Bewunderung verworfen und durch einen einfacheren ersetzt. Dieser zweite Plan ist in einem Aquarell von Karl Schütz festgehalten. Die antikisierenden Zierstücke der Bergflanke sind weggefallen. Auf den einzelnen Terrassen stehen kleinere Wasserwerke, die durch Rasentreppen mitein-

ander verbunden sind. Nur der Aussichtspavillon ähnelt noch dem ersten Projekt.
Der heutige Zustand, das Ergebnis einer dritten Planungsphase, sieht ganz anders aus als alle vorangegangenen Entwürfe. Wenn der Architekt auch auf die phantasievolle Gestaltung der Bergflanke verzichten mußte — der Hang wurde bloß planiert und die Serpentinenwege angelegt —, so konnte er doch in der Baugestalt der Gloriette eine seiner fortschrittlichen Ideen verwirklichen, die für den Klassizismus des kommenden Jahrhunderts vorbildlich wurden.
Die von der Ferne kulissenhaft wirkende triumphale Architektur ist ein schönes Werk frühklassizistischer Kunst. Der wuchtige, wie ein römischer Triumphbogen gestaltete Mittelteil wird durch die luftigen Seitenflügel der barocken Parklandschaft eingefügt. Die Architektur erscheint von bestimmten Blickpunkten wie eine schwebende Brücke. Im Inneren bietet das nach allen Seiten offene Bauwerk ein merkwürdiges Raumerlebnis. Nicht nur die neue Wendung zu antiken Vorbildern oder die auf die kriegerischen Ereignisse der jüngstvergangenen Jahrzehnte bezogenen riesigen Trophäen an den Treppen, die Hagenauer geschaffen hat, sprechen dafür, daß es sich hier um eine neue Kunstauffassung handelt, sondern auch die Tatsache, daß Bauteile eines kaiserlichen Lustschlosses aus dem 16. Jahrhundert, des Neugebäudes, durch das bewahrende Verständnis des Architekten hier eine Wiederverwendung fanden. Es waren Säulen und Arkadenteile, also künstlerisch gestaltete Werkstücke, die in die frühklassizistische Konzeption eines neuen Bauwerkes mit einbezogen wurden[77]. Ob nun die Verwendung dieser Bauteile aus Sparsamkeit oder aus Pietät erfolgte, bleibt dahingestellt. Mit dem 1772 begonnenen und 1775 vollendeten Bau der Gloriette wurde ein langgehegter Plan zum Abschluß gebracht und dem Schloß ein ebenbürtiges Bauwerk auf

dem Berg entgegengesetzt. Fischers Lustgebäude, ein hochbarocker, zierlich schwungvoller Pavillon, wurde im Sinn des anbrechenden neuen Zeitalters zu einem triumphalen klassizistischen Ehrentempel gesteigert.
Bald nach Entstehung der Gloriette erhielt der Schönbrunner Lustgarten weitere architektonische Akzente, die das abstrakt logische Gartensystem mit neuen Stimmungswerten bereichert haben. Die sogenannte Obelisken-Kaskade oder Sibyllengrotte ist ebenfalls ein Werk Hohenbergs. Diese merkwürdige Anlage, welche die linke Diagonalallee abschließt, ist 1777 errichtet worden[78]. Der Architekt hat hier einen Obelisken, also ein ägyptisches Motiv, auf eine noch dem Barock verpflichtete Felsengrotte gestellt. Obelisken haben in Schönbrunn von Anfang an eine wichtige Rolle gespielt: Fischer hat sie adlerbekrönt zur Umrahmung der Hofeinfahrt aufgestellt. Hohenbergs Obelisk ist ebenfalls mit einem Adler geziert und von vier Schildkröten getragen; die Seiten weisen falsche Hieroglyphen auf, die angeblich die Geschichte des Hauses Habsburg bis Maria Theresia erzählen[79]. Die Felsengrotte verrät romantische Anregungen nach dem Vorbild Piranesis: obwohl ihr symmetrischer Aufbau und die Wasserspiele noch barocker Art sind, erscheinen hier Details, die für eine neue pittoreske Auffassung sprechen. Die Figurengruppen über der Grotte sind von Beyer geschaffen und stellen Wassergottheiten dar.
Die eigentümlichste Schöpfung Hohenbergs im Garten ist die sogenannte Römische Ruine, ursprünglich als „Ruinen von Karthago“ bezeichnet. Diese kunstvoll arrangierte Ruine eines prächtigen Bauwerks der Antike war ebenfalls zur Erfüllung romantischer Stimmungsbedürfnisse bestimmt; sie ruft noch heute in dem unbefangenen Betrachter Gefühle wach, wie sie vor den Überresten historischer Bauwerke aus ferner Vergangenheit entstehen[80]. Hohenberg hat sich in zahlreichen

Zeichnungen mit Ruinenphantasien auseinandergesetzt. Die Aufgabe war nicht leicht, da sie große Kenntnisse der antiken Baukunst und besondere schöpferische Fähigkeiten erforderte, eben weil es eine „künstliche" Ruine werden sollte. Das unter Mitarbeit der Bildhauer Wilhelm Beyer, Benedikt Henrici und Franz Zächerle errichtete Bauwerk war 1778 fertig; es bezeugt neuerlich die großartigen kompositionellen Fähigkeiten Hohenbergs, der die bühnenartig geöffnete Architektur mit dem Bassin von der Waldlichtung im Hintergrund durch einen mächtigen Portikusbogen trennte. Dadurch entstand in dieser Waldlandschaft ein Spannungsverhältnis zwischen Vordergrund und Tiefe, das vielleicht als romantische Anspielung auf Gegenwart und Vergangenheit zu verstehen ist. Die vorgelagerte Wasserfläche schafft die für die Betrachtung günstigste Distanz. Eine im Bassin aufgestellte Figurengruppe von Beyer stellt angeblich die Vereinigung der Moldau mit der Elbe dar. Zwei ursprünglich neben der Ruine stehende Marmorstatuen — Merkur und Artemisia — sollen nach einer Mitteilung von 1805 eine eigentümliche Bedeutung gehabt haben: der römische Gott der Kaufleute sollte an den verstorbenen Kaiser Franz Stephan erinnern, der Handel und Industrie in den Erbländern gefördert hatte, während die den Gatten betrauernde Artemisia die Kaiserin versinnbildlichte, die den Witwenschleier bis an ihr Ende nicht ablegen wollte[81]. Diese Statuen (oder gleichartige Figuren) stehen heute im Park an anderer Stelle.

Um diese Zeit entstanden auch das große Taubenhaus nächst der Römischen Ruine und die „Kleine Gloriette" beim Maria-Theresien-Tor, ein zweistöckiger Pavillon mit mehreren freskengeschmückten Räumen.

Der Schönbrunner Garten erhielt im Zug dieser von Hohenberg geplanten und ausgeführten Verschönerungen seit 1773 einen reichen Skulpturenschmuck, eine mythologisch-historische Illustration, die zur Belebung der Natur gedacht war. Überall, im Blumenparterre und in den Bosketten und Laubengängen des Lustwaldes erschienen Götter und Helden der Antike als Vorboten einer geistesgeschichtlichen Wende[82]. Die Leitung der bildhauerischen Arbeiten erhielt der aus Gotha stammende und seit 1768 in Wien tätige Johann Christian Wilhelm Beyer. Dieser selbstbewußte Bildhauer hatte nicht nur künstlerische Talente, sondern war auch sehr geschäftstüchtig, was dem merkantilistisch denkenden Fürsten Kaunitz besonders gefiel[83]. Beyer machte zunächst einen ergiebigen Marmorsteinbruch in der Nähe von Sterzing in Tirol ausfindig und organisierte dann in kurzer Zeit eine große, aus vierzehn Personen bestehende Bildhauerwerkstätte, welche die zum Teil von ihm selbst geschaffenen Entwürfe ziemlich schnell ausführte. Zur Erprobung des Marmors hatte Beyer vorgeschlagen, zuerst einige monumentale Vasen mit Reliefdarstellungen aus der Geschichte Maria Theresias zu schaffen, wobei er an die historisch-allegorische Art dachte, in der Rubens die Geschichte der Katharina Medici wiedergegeben hat. Dieser Plan blieb unausgeführt.

Beyer hatte bei der bildhauerischen Ausstattung des Schönbrunner Gartens eine schwierige Aufgabe zu lösen. Beim Thematischen, das ja politischer Bedeutung nicht entbehrte, war er an bestimmte Weisungen des Staatskanzlers Fürst Kaunitz gebunden: Auch bei der Anordnung der Skulpturen hatte er nur wenig Freiheit, da das gegebene Gartensystem ein völlig neues künstlerisches Konzept nicht zuließ. Was die geforderte künstlerische Qualität betraf, so war die Situation keineswegs leicht, da vierzehn Künstler von verschiedener Begabung und Bildung am Werk waren und der Zeitdruck das Niveau und die Einheitlichkeit von vornherein gefährdete[84].

Es scheint, daß das Programm der Schönbrunner Gartenskulpturen bereits von der josephinischen Aufklärung geprägt wurde. Mehrere Figuren stellen Helden des republikanischen Zeitalters dar. Fürst Kaunitz und der ebenso von Ideen Josephs II. inspirierte Sekretär der Akademie der bildenden Künste Joseph Freiherr von Sperges führten eine rege Korrespondenz über das Programm des Gartens. Die Statuen im Gartenparterre sind heute in einer Ordnung aufgestellt[85], die nicht als die ursprüngliche zu betrachten ist; ihre Einbeziehung in die Baumspaliere erfolgte wahrscheinlich erst einige Jahre später. Vorher waren sie, wie das Aquarell von Karl Schütz nach dem zweiten Projekt Hohenbergs zur Gestaltung des Schönbrunner Berges zeigt, im ganzen Gartenparterre gleichmäßig verteilt. Joseph Oehler bemerkt dazu in seiner Beschreibung von Schönbrunn aus dem Jahr 1805[86]: „Sie [die Statuen] standen einst in einer andern Ordnung und von allen Seiten frey. Durch die rückwärts in die Höhe gezogenen grünen Baumspaliere werden zwar die Figuren heraus gehoben, und fallen besser in die Augen, allein ein anderer wesenthlicher Vortheil geht dabey verlohren. Man kann nicht mehr rings herum gehen, und diese Meisterstücke von allen Seiten betrachten. Dadurch gehen viele Schönheiten, besonders in den Draperien, wodurch diese Statuen so vortheilhaft auszeichnen, verlohren." Offen bleibt dabei, wann und auf wessen Veranlassung die Umstellung erfolgte. 1777 ist die Rede von der „Herabbringung der auf dem Berg versetzten Figuren samt Posamenten in den Garten". Damals wurde also eine Anzahl Statuen, die vorerst an den Serpentinenwegen zur Gloriette aufgestellt waren, ins Gartenparterre versetzt. Es scheint, daß durch die Einbeziehung der Plastiken in die Baumspaliere der Versuch unternommen wurde, ein neues ästhetisches Prinzip zu verwirklichen, dessen Hauptziel die engere Verbindung der

plastischen Figur mit der umgebenden Natur war, wobei es nicht so sehr darauf ankam, was sie darstellte, sondern vielmehr, wie sie aussah. Es ist möglich, daß Beyer selbst für die Konzeptänderung eingetreten ist. Die ursprüngliche inhaltliche Zusammenstellung dieser frühklassizistischen Gartenillustration war aber keine zufällige, sondern eine sorgfältig durchdachte, die wahrscheinlich eine bestimmte Bedeutung hatte.
Heute stehen einander Figuren gegenüber, die sich entweder in Attribut und Aufbau gleichen oder durch den mythologisch-historischen Inhalt miteinander verbunden sind. Ob dieser späteren Anordnung eine konsequente Planung zugrunde liegt, sei dahingestellt. Nur einige Gruppierungen ergeben einen bestimmten „Sinn“. Die Statuenpaare Mars und Minerva und Janus und Bellona stehen einander als allegorische Verkörperung von Krieg und Frieden gegenüber. Jason mit dem goldenen Vlies, Perseus mit dem Haupt der Medusa und Fabius Maximus Cunctator personifizieren Unternehmungslust, Kühnheit und Bedachtsamkeit, in übertragenem Sinn also die Staatsmacht. Bacchus und Flora mit Nymphen und Bacchantinnen im Gefolge symbolisieren die Verbundenheit mit der Natur. Konkrete programmatische Gedanken manifestieren sich noch an anderen Stellen des Gartens. In der Gegenüberstellung von Rom und Karthago — Fabius Maximus und Hannibal — könnte ein Hinweis auf rivalisierende Mächte im damaligen Europa, etwa Österreich und Preußen, gesehen werden. Neben rein mythologischen Gruppen wie Paris und Helena und Aeneas mit seinem Vater Anchises finden sich Gruppierungen, die anscheinend keine anderen als formale Beziehungen haben, und dies nicht immer eindeutig. Die ursprüngliche Anordnung der Statuen, die wir nicht mehr kennen, erfolgte aber sicher nach einem ikonographischen System. Wenn die versuchten Inhaltsdeutungen stim-

men, dann entfaltete sich am Rand des Schönbrunner Gartenparterres ein politisch-aktuelles Programm in mythologisch-historisierender Verkleidung, das bestimmt nicht auf den Bildhauer Beyer, sondern auf seine Auftraggeber zurückgeht.

Die künstlerische Qualität der einzelnen bildhauerischen Leistungen ist recht unterschiedlich. Beyer hatte die im Jahr 1773 übernommene Aufgabe innerhalb von drei Jahren zu lösen. Etwa die Hälfte der Plastiken im Gartenparterre ist von ihm eigenhändig ausgeführt, die übrigen gehen auf seine Modelle zurück oder sind aus Stichwerken von Montfaucon, Sandrart und anderen genommen, die oft künstlerisch schwache Abbildungen enthielten. Von den zahlreichen Gehilfen Beyers sind nur einige als selbständige Künstler zu betrachten, wie etwa Johann Martin Fischer, Johann Baptist Hagenauer[87], Jacob Schletterer oder Franz Anton Zauner, während die meisten anderen Handwerker geblieben sind. Alle zusammen haben aber keine großen Kunstwerke hervorgebracht, denn die Antike blieb für die Schönbrunner Bildhauer in mancher Hinsicht nur ein Klischee.

Um 1772 war das rosettenförmige Sternbassin aus dem Gartenparterre in das Rondeau der diagonalen Tiergartenallee versetzt worden. Als Gegenstück wurde im Rondeau der Obeliskenallee ein rundes Bassin errichtet. Die Najadengruppen in den beiden großen Bassins stammen von Wilhelm Beyer; sie wurden durch die geglückte Anordnung zum beliebten Mittelpunkt zahlreicher Schönbrunner Veduten.

Die Ausschmückung des Gartenparterres wurde 1781 mit der Errichtung des großen Neptunbeckens am Fuß des Berghanges abgeschlossen. Die reiche und malerische Anlage ist von Hohenberg entworfen, die bekrönende Figurengruppe stammt von Franz Anton Zauner; sie ist augenscheinlich zu klein geraten. In den Augen der Zeitgenossen jedoch war der Schönbrunner Garten mit seinem Skulpturenschmuck sowohl in inhaltlicher als auch in künstlerischer Hinsicht eine gewaltige Leistung, die nicht genug gepriesen werden konnte[88]. Die Bedeutung der Gartenanlage liegt nicht in den Einzelheiten, sondern im Ganzen, das zu seiner Zeit als modern empfunden wurde. Die Bestrebung, in der architektonischen und plastischen Ausstattung eine historisierende Gartenillustration zu schaffen, kam gleichermaßen der Vorliebe für die Antike und dem romantischen Stimmungsbedürfnis entgegen.

Erstaunlicherweise war der eigentliche Urheber dieser epochalen Anlage eine alternde, der Vergangenheit zugewandte Frau. Bis zuletzt blieb Kaiserin Maria Theresia spiritus rector der Erneuerung Schönbrunns, ihr Geschmack und ihre Vorstellungen brachten das entscheidende Wort in die Verhandlungen. Trotz zeitweiliger Resignation — angesichts des riesenhaften Umfanges der Aufgabe schreibt sie 1773 an Marie Antoinette nach Frankreich: „Du weißt, der Kaiser [Joseph II.] liebt Schönbrunn nicht, und in meinem Alter wäre es lächerlich ein solches Werk zu beginnen"[89] — brachte allein Maria Theresias Energie auch die künstlerische Gestaltung des Gartens zum Abschluß, wenngleich sie selbst aus Bescheidenheit oder Wohlwollen ihrem vertrauten Ratgeber Fürst Kaunitz das Verdienst zusprach: „Dieser schöne Garten, der allein Ihr Werk ist, wird mir dadurch um so lieber."

Nach dem Tod der Kaiserin tauchte das Schloß in der verzwickten und überkomplizierten Hofbauorganisation unter, und es sah lange Zeit keinen schöpferischen Änderungen entgegen.

BOTANIK UND ZOOLOGIE IM SCHÖNBRUNNER PARK

Der Schönbrunner Garten zeigt seit langem eine klare funktionelle Zweiteilung: die linke Hälfte der ausgedehnten Parkanlage ist ein streng geordneter Ziergarten mit romantischen Details, die rechte Hälfte dient hingegen vor allem der Pflege der Naturwissenschaften; hier befinden sich der Tiergarten, der Botanische Garten und das Palmenhaus. Beide Hälften bilden durch das französische Gartensystem eine strukturelle und optische Einheit. Es fällt dabei auf, daß die berühmte Orangerie links vom Schloß dem Ziergarten zugeordnet ist, obwohl in dieser ausgedehnten Anlage von Anfang an exotische Pflanzen und Obstsorten gezüchtet wurden. Die Erklärung liegt darin, daß die Orangenhäuser in älteren Zeiten als eine Kultivierungsstätte der Exotik oft auch als festliche Räume Verwendung fanden. Eine Orangerie wurde früher als Ziergarten betrachtet.

In Schönbrunn ist die Kultivierung fremdländischer Pflanzen schon für das Jahr 1660 bezeugt, in dem von „welschen Bäumen und Pomerantzen Khüebeln“ berichtet wird. Im Gartenwerk des Franzosen Jean Trehet ist dem Orangeriegarten ein größerer Raum gewidmet; wir erhalten Kenntnis von beheizbaren Glashäusern, die zur Unterbringung von „welschen Päumen und andern Gewächsen“ dienten. Das heutige Orangeriegebäude wurde erst 1755 errichtet. Die weitläufige Anlage war in das Gesamtkonzept zur allgemeinen Verschönerung des Gartens mit einbezogen[90].

Im künstlerischen Nachlaß des Hofarchitekten Jadot befinden sich zwei Pläne, die sich auf diese Orangerie beziehen. Es ist noch nicht geklärt, ob Jadot oder sein Nachfolger Pacassi dieses Gebäude entworfen hat. Die noch heute bestehende imposante Anlage bildet mit ihrer Länge von 183 Meter einen großen Teil des Meidlinger Flügels. Die Südseite weist 39 Fensterachsen auf, die für das notwendige Licht sorgen. Davor befand sich bis weit ins 19. Jahrhundert ein Orangengarten, wo die empfindlichen Pflanzen im Sommer aufgestellt wurden. Dieser Gartenteil war durch drei Brunnenanlagen, Wasserspiele und Figuren belebt. Davon ist heute nur noch der Rest eines Brunnens übrig, ein großes Marmorbecken in den Formen des 16. Jahrhunderts, das vielleicht aus dem Neugebäude stammt. Das Dach des langgestreckten Traktes ist 1786 auf Befehl Kaiser Josephs II. geändert worden. Der Kaiser schätzte Schönbrunn im Gegensatz zu seiner Mutter nicht besonders, interessierte sich aber für die dort angewandten Naturwissenschaften und bevorzugte die Orangerie, wo in seiner Regierungszeit glänzende Feste veranstaltet wurden[91]. In diesem „Zaubergarten Armidas“ fanden denkwürdige Theater- und Opernaufführungen statt: 1785 wurden einige Male Szenen aus Lessings „Emilia Galotti“ und das Lustspiel „Der seltene Freier“ sowie die italienische Oper *La finta amante* gespielt; 1786 wurde hier Mozarts Musik zum „Schauspieldirektor“ und Salieris Oper *Prima la musica poi le parole* aufgeführt. Auch hat Kaiser Joseph in diesem Gebäude des öfteren großartige Festmahle gegeben, wie er sie bei seinem Besuch in Rußland im St. Petersburger Wintergarten erlebt hatte. Noch zur Zeit des Wiener Kongresses wurde hier ein großes Fest veranstaltet, worüber die „Wiener Zeitung“ vom 11. Oktober 1814 berichtete: man „sah nichts als blühende Bäume und Blumen, zwischen denselben Statuen

und einen vierfach über Felsen strömenden Wasserfall, von 3136 Lichtern erhellt".
In der Orangerie standen auch Feigen und Limonen, später Pfirsiche und andere einheimische Obstsorten in Pflege, deren Kultivierung im Lauf des 19. Jahrhunderts schon mehr naturwissenschaftlich betrachtet wurde; die ursprüngliche Bestimmung der Orangerie ging dabei allmählich verloren. Um die Mitte des 19. Jahrhunderts befand sie sich in einem dürftigen und herabgekommenen Zustand, und erst 1874 dachte man wieder an die Kultivierung der Orangenbäume, zu einer Zeit, als das Interesse an Barockgärten von neuem erwachte.
Die naturwissenschaftlich betriebene Pflanzenkultur hatte ihre Wurzeln, wie schon gesagt, in der Begeisterung für das Exotische; in Schönbrunn erlebte sie ihre erste Blütezeit unter Kaiser Franz Stephan, der nicht bloß ein Liebhaber, sondern auch ein sachkundiger Kenner verschiedener Pflanzen und Mineralien war. Auf seine Veranlassung entstand 1753 auf einem brachliegenden Feld nächst der Hietzinger Kirche (dem heutigen Palmenhausareal) der sogenannte Holländische Garten. Schöpfer dieser Anlage war der holländische Gärtner Adrian van Steckhoven. Dieser auch in seiner Heimat sehr geschätzte Florist wurde auf Anraten des Leibarztes der Kaiserin, Gerhard van Swieten, nach Schönbrunn gerufen. Steckhoven und sein Gehilfe, der aus Delft gebürtige Richard van der Schot, der später Steckhovens Nachfolger als Hofgartendirektor wurde, errichteten auf diesem Gelände ein großes Treibhaus und mehrere Glashäuser und legten einen Garten für fremdländische Pflanzen an; viele davon hatten sie aus ihrer Heimat mitgebracht.
In den folgenden Jahrzehnten waren immer wieder namhafte Botaniker in Schönbrunn tätig, die dem Holländischen (später Botanischen) Garten zu weltweitem

Ruhm verhalfen. Der aus Leyden stammende Nicolaus Jacquin unternahm in Erfüllung von Aufträgen zur wissenschaftlichen Bearbeitung und Bereicherung des Gartens, die ihm Kaiser Franz Stephan erteilt hatte, eine berühmt gewordene Expedition nach Westindien[92]. Die Reise des seiner Wissenschaft mit Leidenschaft ergebenen Gelehrten entbehrt nicht interessanter, fast abenteuerlicher Details. 1754 besuchte er in Begleitung des Gärtnergehilfen Richard van der Schot und in Gesellschaft von zwei Italienern die Karibischen Inseln, wo er nicht nur exotische Pflanzen, sondern auch lebende Tiere sammelte. Dabei wurde die Expedition wegen des französisch-englischen Krieges ein ganzes Jahr festgehalten und mußte gezwungenermaßen die Insel Montserrat besuchen. Bei den damaligen Reiseumständen, der mangelhaften Ausrüstung und der bescheidenen Besoldung der Teilnehmer ist es erstaunlich, daß die Expedition so großartige Ergebnisse aufweisen konnte. Die Bäume wurden mit der Erde ausgegraben, in Bananenblätter gehüllt und mit Stricken von einer tropischen Pflanze zusammengeschnürt und netzförmig eingeflochten. Nach einer langen Seereise wurde die botanische und zoologische Beute in Livorno an Land gebracht und von dort auf Maultieren nach Schönbrunn weitertransportiert. Trotz aller Wechselfälle wurde der Holländische Garten erheblich bereichert: Jacquin brachte in fünfzig Kisten tropische Nutzbäume, Heil- und Giftpflanzen, Zier- und Zwiebelgewächse und verschiedene Kakteen nach Hause. Die Forschungsergebnisse dieser bahnbrechenden Reise hat Jacquin in dem prächtig illustrierten Werk *Selectarum stripium americanarum historia* im Jahr 1763 in Wien veröffentlicht. Um 1800 wurde in Schönbrunn nach den Anleitungen seines Werkes *Plantarum variorum horti Schoenbrunnensis descriptiones et icones* ein kleiner Unterrichtsgarten für die Erzherzoge angelegt, wo

das Linnésche System in 24 Beeten mit 400 Pflanzenarten veranschaulicht wurde.
Auch in früheren Jahren waren die kaiserlichen Kinder in Schönbrunn zur Gartenpflege angehalten worden, wie ein kleines Denkmal bezeugt, das die neapolitanische Königin Maria Carolina, eine Tochter Maria Theresias, 1802 in einem Rondeau nächst dem Kronprinzengarten errichten hat lassen. Der Gedenkstein, den der Bildhauer Christian Thaler, Statuarius am kaiserlichen Antikenkabinett, geschaffen hat, ist mit einer Bronzevase bekrönt; an der Vorderseite ist ein Bronzerelief angebracht, das die Königin Maria Carolina mit ihren drei Töchtern Marie Therese, Louise, Christine und dem Kronprinzen Franz im Profilbildnis zeigt; an der Rückseite befindet sich eine Bronzetafel mit folgender Inschrift: Der kindlichen Zärtlichkeit / für / die unsterbliche Maria Theresia / der Liebe zum theuern Vaterlande / der frohen Rückerinnerung an jede Freude / der sorgenfreyen Jugend / widmete / dieses ländliche Denkmal / auf dem Platze / den sie einst als Kind pflegte / nun in dem Kreise ihrer Kinder / Maria Carolina / Königinn beyder Sicilien / bey ihrer Anwesenheit / im Jahre MDCCCII.
Zur weiteren Bereicherung des Schönbrunner Gartens wurden auch späterhin Reisen in ferne Länder unternommen. Die Kaiser Joseph II. und Franz II. zeigten sich als sehr interessierte Förderer solcher Unternehmungen. 1783 brach wieder eine Expedition nach Amerika auf, diesmal unter der Leitung eines Professors des Theresianums, Franz Joseph Märter. An dieser Reise, die zunächst nach Philadelphia und von dort nach Ostflorida, Puertorico, Venezuela und auf die Bahamas führte, haben die beiden Botaniker Franz Boos und Matthias Leopold Stupicz, der Mineraloge Karl Haidinger und der Maler Nikolaus Moll teilgenommen; letzterer hatte die Expedition durch einen Bildbericht

zu dokumentieren. Kaiser Joseph unterstützte auch eine Reise, die Boos mit seinem Gehilfen Georg Scholl 1785 nach Südafrika unternahm; Boos kehrte 1788 zurück, Scholl mußte jedoch bis 1799 dort bleiben, weil ihn die Engländer gefangenhielten.
Franz Boos nimmt in der Geschichte des Schönbrunner Gartens eine wichtige Stellung ein. Er hatte schon dem Architekten Hohenberg große Dienste bei der Verschönerung der Parkanlage geleistet, später an der Philadelphia-Expedition Professor Märters teilgenommen und dabei seine Kenntnisse erweitert; auch seine Südafrika-Unternehmung war ein Erfolg. Zudem hatte er in der Person des Vize-Hof- und Staatskanzlers Graf Cobenzl einen großzügigen Gönner gefunden, der reges Interesse an naturwissenschaftlichen Dingen bekundete. 1790 wurde Boos zum Direktor der Menagerie und des Botanischen Gartens von Schönbrunn ernannt. Bei einem Besuch des Gartens im Jahr 1803 befahl Kaiser Franz II., die Saft- und Fettpflanzen, die sich beim Trocknen sehr verändern, für ein Herbarium in farbigem Wachs naturgetreu nachzubilden. Unter der Leitung von Boos wurde dieses interessante, auch in künstlerischer Hinsicht merkwürdige Unternehmen mit Erfolg ausgeführt. 1807 wurde dem verdienten Mann die Oberaufsicht über sämtliche Hofgärten bei Wien übertragen. In dieser Stellung, die er bis 1830 innehatte, hat Boos eine neue Ära im Schönbrunner Garten eingeleitet. Der Park wurde unter seiner Verwaltung sorgsam gepflegt und weiterentwickelt. Dabei wurde auch der Botanische Garten nicht vernachlässigt. Als sich 1815 der kaiserliche Kommissär Baron Stürmer nach der Insel St. Helena begab, um dort Napoleon zu beaufsichtigen, wurde ihm auf Wunsch von Boos auch ein Schönbrunner Gärtner zwecks botanischer Studien beigegeben; und 1817, als die Erzherzogin Leopoldine, eine Tochter des Kaisers Franz, nach Brasilien reiste,

um Dom Pedro, den künftigen Herrscher dieses Landes, zu heiraten, waren in ihrem Gefolge auch einige Botaniker unter der Leitung des Hofgärtners Heinrich Wilhelm Schott. Auch dieser Expedition gehörte ein Maler an, der junge Thomas Ender.

Schott übernahm 1845 die Direktion des Botanischen Gartens, der unter ihm eine seiner letzten großen und schöpferischen Perioden erlebte. Er ließ unter anderem auf einem Grundstück an der Maxingstraße (damals Hetzendorfer Straße) einen neuen Botanischen Garten anlegen, und ihm ist es gelungen, im beträchtlich erweiterten Schönbrunner Reservegarten die größte Seerose der Welt, die „Victoria Regia" — die übrigens von einem Österreicher entdeckt worden ist — zur Blüte zu bringen. Schotts Spezialgebiet waren die Aroideen und die Palmen, deren Kultivierung ihn zu tiefer wissenschaftlicher Forschung inspirierte. Auf seine Ideen geht das neue Palmenhaus zurück, das schon 1869 geplant, aber erst 1880—1882 nach Plänen von F. Segenschmid errichtet wurde[93]. Die imposante Eisenarchitektur dieses 114 Meter langen Glaspalastes ist ästhetisch und technisch betrachtet eine bedeutende Leistung. Die durchwegs geschwungenen Formen dieser einem Riesendach gleichenden dreigliedrigen Pavillonarchitektur gehören bereits dem Späthistorismus an. Entfernte Vorbilder für die Schönbrunner Anlage sind das Palmenhaus in Kew Gardens, Surrey, errichtet 1845—1847 von R. Turner, und der Kibble Palace im Botanischen Garten von Glasgow[94].

Schott vernachlässigte die Pflege des Lustgartens, weil sein Interesse den Palmen gehörte, vielleicht aber auch, weil der französische Park allgemein als nicht mehr zeitgemäß empfunden wurde. Erst sein Nachfolger Adolf Vetter hat sofort nach seinem Amtsantritt im Jahr 1865 die verwilderten Alleen und Boskette im alten Stil wiederherstellen lassen. Im letzten Drittel des 19. Jahrhunderts erwachte mit dem Historismus ein Gefühl für die Schönheit der regelmäßig angelegten französischen Gärten, und so verlagerte sich allmählich das Interesse vom Botanischen Garten wieder mehr zum Ziergarten.

Neben der Pflanzenkunde erfuhr auch die Zoologie im Schönbrunner Garten seit der Mitte des 18. Jahrhunderts eine besondere Pflege. Wie erwähnt, hatte es schon seit dem 16. Jahrhundert einen Tiergarten im Waldgelände um die Katterburg gegeben. Hier wurden in einem eingezäunten Areal Damhirsche und anderes Wild gehegt. Es handelte sich dabei weniger um eine Menagerie als um ein künstlich angelegtes Jagdrevier. So ein Tiergarten paßte natürlich nicht mehr in das strenge System eines französischen Barockgartens; dafür gab es andere Vorbilder. In Versailles hatte man schon 1662 eine Anlage geschaffen, in der exotische Tiere in regelmäßig angeordneten Logen zur Schau gestellt wurden. Diesem Beispiel folgte Prinz Eugen mit seiner Menagerie im Oberen Belvedere und 1751 auch Kaiser Franz Stephan in Schönbrunn[95].
Für den entwerfenden Architekten Jean Nicolas Jadot war Lukas von Hildebrandts halbkreisförmige Menagerie im Belvedere unmittelbares Vorbild, doch erweiterte er die Anlage zu einem kreisförmigen Bautenkomplex, indem er die zwölf Tierhäuser strahlenförmig um einen Zentralpavillon als Mittelpunkt anordnete[96]. Die einzelnen Logen waren durch hohe Mauern voneinander getrennt und die davorliegenden Ausläufe gegen den Pavillon zu durch hohe Gitter abgeschlossen. Man konnte also die ganze Anlage vom Pavillon panoramaartig überschauen; dieser ist erst 1759 nach einem Entwurf von J. F. Blondel fertiggestellt worden, zu einer Zeit, als Jadot längst nicht

mehr in Wien weilte. Der Innenraum, ein Lieblingsaufenthalt des kaiserlichen Ehepaares, das hier im Sommer gelegentlich das Frühstück einnahm, ist mit einem Deckenfresko von Vincenz Fischer geziert, das Szenen aus Ovids Metamorphosen darstellt. Auf zwölf Ölgemälden, die vielleicht von Franz Fuxeder stammen, sind dreiunddreißig verschiedene, damals in Schönbrunn gehaltene Tiere abgebildet. Maria Theresia ließ diesen Raum nach dem Tod ihres Gatten als Gedenkstätte einrichten; die damals hier aufgestellte Büste des Kaisers, die Balthasar Moll 1766 geschaffen hat, wurde zwanzig Jahre später in den Holländischen Garten versetzt. Der Pavillon diente dann lange Zeit als Vogelhaus.

Wie der Botanische Garten wurde auch die Menagerie von den Herrschern gefördert und immerzu erweitert[97]. Jacquin brachte von seiner westindischen Expedition exotische Vögel mit, die hier und auch in verschiedenen Treibhäusern des Botanischen Gartens untergebracht wurden, wo sie von einem breiten Publikum bestaunt wurden. Joseph II. hatte schon in der Zeit der Mitregentschaft der Allgemeinheit kostenlosen Eintritt in die Menagerie gestattet. Auch die anderen Expeditionen haben Schönbrunn mit Tieren bereichert. 1799 brachte Georg Scholl die erste Giraffe nach Wien, deren Eintreffen ähnlich wie der Einzug des ersten Elefanten im Jahr 1552 unter großer Anteilnahme der Bevölkerung erfolgte; ein zweites Exemplar dieser Tiergattung kam 1828 als Geschenk des Vizekönigs Mehmed Ali von Ägypten nach Schönbrunn. Wegen der mangelnden Hygiene gingen alljährlich viele Tiere ein, vor allem an Darm- und Lungenkrankheiten. Größere Raubtiere fehlten zunächst, weil ihre Unterbringung und Pflege zu viele Schwierigkeiten mit sich brachte. Dies änderte sich im 19. Jahrhundert. Der Schönbrunner Tiergarten wurde allmählich durch neue Anlagen erweitert und der Tierbestand systematisch vermehrt. 1853 beziffert eine Beschreibung den Bestand mit 130 Arten von Säugetieren, 231 Arten von Vögeln und neunerlei Reptilien; 1902 waren 496 Gattungen mit 1842 Tieren vertreten, und vor dem Ersten Weltkrieg erreichte der Tierbestand die Rekordzahl von 3470 Stück. In der Ära des ambitionierten Autodidakten Alois Kraus, der den Schönbrunner Tiergarten von 1879 bis 1919 leitete, wurde dieser stark vergrößert und modernisiert. Damals wurden die Mauern der alten Menagerie großteils demoliert und durch eiserne Gitter ersetzt. Zu beiden Seiten der Allee, die vom Menageriepavillon zum Schloß führt, wurden neue Tierunterkünfte geschaffen. Später wurde auch im Bereich des sogenannten Kleinen Fasangartens der Berghang in den Tiergarten miteinbezogen und dort verschiedene Gehege errichtet. Noch vor dem Ersten Weltkrieg erhielt die Schönbrunner Menagerie jene Gestalt, die im großen und ganzen bis heute bewahrt geblieben ist.

SCHÖNBRUNN IM 19. JAHRHUNDERT

Nach dem Tod der Kaiserin Maria Theresia wurde das Schloß Schönbrunn von ihrem Nachfolger, Kaiser Joseph II., nicht mehr weiter verschönert, da der neue Herrscher, wie schon erwähnt, diesen Lustort nicht besonders liebte. Als ihm vom Hofbauamt die Notwendigkeit einiger Reparaturen und Verbesserungen unterbreitet wurde, befahl er „nur zu flicken, als es ein ohnedies nicht bewohntes Schloß unentbehrlich nöthig hat“[98]. Dem aufklärerischen Geschmack Josephs mag die verspielte Rokokoatmosphäre des theresianischen Schlosses fremd, ja unangenehm geblieben sein; er bevorzugte das für ihn errichtete klassizistisch einfache Wohngebäude im Augarten.

Erst Kaiser Franz II., der 1792 nach der nur zweijährigen Regierungszeit seines Vaters Leopold II. den Thron bestieg, machte Schönbrunn wieder zu seiner offiziellen Sommerresidenz. Am Ende des 18. Jahrhunderts beschränkte man sich auf die allernotwendigsten Instandsetzungen, und erst nach 1800 wurde an eine Verschönerung gedacht. Um diese Zeit wurde das Lustschloß Mittelpunkt ernsthafter Ereignisse der europäischen Geschichte. Im langjährigen Krieg mit Frankreich ist es 1801 Hauptquartier des Erzherzogs Karl und in den folgenden Jahren zweimal die Residenz des fremden Kaisers gewesen. Napoleon verbrachte im Oktober des Jahres 1805 nur zwei Wochen in Schönbrunn; in dieser Zeit wurde für ihn im Schloßtheater ein Hofkonzert unter der Leitung Luigi Cherubinis veranstaltet. Im Dezember wurde im Schloß der Preßburger Friede ratifiziert. Im Jahr 1809 dagegen residierte der im Zenit seiner Erfolge stehende Kaiser der Franzosen nach der im Mai erfolgten zweiten Besetzung Wiens ein halbes Jahr lang im Gartenschloß der Habsburger. Napoleon besuchte des öfteren die Vorstellungen des Schloßtheaters und hielt prunkvolle Paraden im Ehrenhof oder im Garten ab. Im Lauf des Sommers schmiedete er kühne Pläne zur Abtrennung Ungarns von der Habsburger Monarchie. In diesen Monaten wurde im Schloß ein schicksalhafter Friedensvertrag ausgehandelt, in dem Österreich auf wichtige Territorien verzichten mußte[99]. Einige Tage vor der Unterzeichnung dieser Kapitulation, am 11. Oktober, versuchte ein junger Mann aus Naumburg namens Friedrich Gottlieb Staps ein Attentat auf Napoleon, als dieser, auf der Freitreppe des Schlosses stehend, eine Parade seiner Truppen abnahm. Der Siebzehnjährige wurde kurz danach standrechtlich erschossen. Bonaparte verließ am 16. Oktober Schönbrunn. Im folgenden Jahr wurde Marie Louise, die achtzehnjährige Tochter des Kaisers Franz, mit dem Eroberer vermählt.

Es ist möglich, daß die Idee zu einer klassizistischen Umgestaltung des Schlosses zur Zeit des Aufenthalts Napoleons entstanden ist. Der imperiale Stil des französischen Kaisers, das *premier empire,* mochte dem österreichischen Herrscher — der den Erzrivalen nicht nur in künstlerischen Dingen bewunderte — gewisse Anregungen gegeben haben. Abgesehen von kleineren Reparaturen im Jahr 1808, als mit der Neuherstellung des Daches im Westtrakt begonnen wurde, geschah indes bis 1819 an der Fassade nichts Nennenswertes[100]. Die glanzvollen Veranstaltungen anläßlich des Wiener Kongresses hatten dem vorsichtigen Kaiser Franz jedoch klargemacht, daß seine Sommerresidenz endlich einer Erneuerung bedurfte. Ein Inventar von 1812 und

andere Quellen aus den unmittelbar darauffolgenden Jahren berichten wenig Erfreuliches über den inneren Zustand des Bauwerks.
Unmittelbar vor dem Kongreß wurde eine Reihe von Interieurs in Empireformen umgestaltet. Damals hat man sogar einige Rokoko-Ausstattungen repariert, damit das Schloß einen würdigen Rahmen für festliche Ereignisse biete. Wegen des Besuches zahlreicher Potentaten und Staatsmänner, die Napoleons Vernichtung zu feiern nach Wien gekommen waren — zwei Kaiser, vier Könige, zwei Großherzoge und eine Vielzahl von Aristokraten und Diplomaten aller Rangstufen waren anwesend —, wurde eine enorme Summe ausgegeben: bis Ende Mai 1815 nicht weniger als achteinhalb Millionen Gulden Wiener Währung[101], alles in allem für Feste, Livreen, Quartiergelder, Tafeln, Equipagen usw.
Gleich nach dem Kongreß fand in Schönbrunn noch ein glanzvolles Fest statt, die Vermählung der Erzherzogin Maria Clementina mit Leopold, dem Prinzen beider Sizilien. Dieses Fest blieb für Jahrzehnte das letzte.
Da die Mehrzahl der Empireausstattungen ab 1869 wieder barockisiert wurde, haben wir kein klares Bild über Ausmaß und Wirkung der damaligen Veränderungen. Besser unterrichtet sind wir hingegen über die äußere Umgestaltung des Bauwerks. Die Schloßfassaden wurden auf Grund von Plänen, die zwischen 1817 und 1819 entstanden sind, entscheidend verändert. Das wie immer zögernde Verhalten des Kaisers, das Fehlen eines einheitlichen künstlerischen Konzepts und Unstimmigkeiten zwischen den Architekten — so konnten sich die Hofarchitekten Johann Aman und Ludwig Montoyer über die Herstellung der Gesimse, ob aus Stein oder Holz, nicht einigen — führten dazu, daß das Schloß glücklicherweise nicht radikal im Sinn des Klassizismus umgestaltet worden ist.

Aman wollte die Uneinheitlichkeit der Fassade ausbalancieren und zwischen den einzelnen architektonischen Elementen ein Gleichgewicht gemäß der antiken Proportionslehre schaffen. Er streckte die Pilaster an den Fassaden, bis sie das durchlaufende Gebälk tragen konnten. Die konsequente Hebung des Hauptgesimses kommt besonders an der Gartenfront zum Ausdruck. Der Mittelteil der Hoffront blieb auf Wunsch des Kaisers so, wie er von Pacassi umgestaltet worden war. Die Gartenseite und die Seitenflügel der Hoffront wurden hingegen weitgehend im Sinn des Klassizismus verändert. Der Rokokoschmuck Pacassis verschwand zum größten Teil. Bei dem Versuch, die Fassade in horizontaler Richtung streng zu vereinheitlichen, wurden die barocken Schwingungen Fischers am Mittelrisalit der Gartenfront in ungeschickter Weise überdeckt. Die angestrebte puritanische Strenge konnte, wie gesagt, nicht durchgehend verwirklicht werden, deshalb erscheint das Bauwerk bei näherer Betrachtung nach wie vor unproportioniert und dazu noch ein wenig pedantisch und trocken.
Mit den Umbauten Amans wurde die äußere Gestaltung des Schlosses abgeschlossen. Daß diese heute noch sichtbare Endlösung nicht besonders glücklich war, muß dem Kaiser im Lauf der Planung klargeworden sein, da er andere Pläne bestellen ließ. Die 1819 entstandenen Entwürfe des Direktors der Architekturschule an der Wiener Akademie, Pietro Nobile[102], sind kunsthistorisch besonders interessant; sie haben eine viel radikalere Lösung vorgesehen als die zur Ausführung gelangten Pläne Amans und sind von grundsätzlicher Bedeutung für die Geschichte des Wiener Klassizismus, der nur wenige Monumentalbauten geprägt hat und zu dessen wichtigsten Vertretern Nobile zählt. Der Tessiner Architekt, dessen konsequente Denkweise und baukünstlerische Logik in mancher Hinsicht an den

französischen Revolutionsklassizismus erinnert — man kann seine Schönbrunner Pläne mit Boullées Versailler Entwürfen vergleichen[103] — wollte die pavillonartig zerstückelten Fassaden des Schlosses ebenso wie Aman in horizontaler Richtung vereinheitlichen. Er ging aber weiter als dieser und verbreiterte den Mittelrisalit an Hof- und Gartenfronten sehr kräftig, um die kopfschwere Disproportion der Seitenrisalite — die seit Fischers zweitem Plan als entscheidende Schwäche der gesamten Anlage betrachtet wurde —, zum Verschwinden zu bringen. An der Hoffront wurde die Halbsäulenordnung bis zu den Zwischenrisaliten ausgedehnt und jeder Seitenrisalit mit einem Dreieckgiebel bekrönt, um dem mittleren Belvederegeschoß neue Höhenakzente entgegenzusetzen. An der Gartenseite wollte Nobile als gewichtigen Mittelakzent ein fünfzehnachsiges Peristyl errichten, was eine Verdreifachung der Breite des Mittelrisalits bedeutet hätte. Mit diesen Änderungen hätten die langen Fronten neue, ausgeglichenere Proportionen erhalten; andererseits wollte Nobile die architektonischen Einzelelemente radikal vereinfachen und somit den ursprünglichen Fischerschen Zustand gänzlich zerstören. Der Kaiser lehnte schließlich Nobiles Entwürfe ab, die ihm viel zu revolutionär erschienen, und entschied sich für das Projekt Amans, das in stilistischer Hinsicht bei weitem nicht so konsequent ist, sondern eine typische Kompromißlösung darstellt.
Nach dem Abschluß dieser Umbauten an den Fassaden um 1820 wurden von Kaiser Franz I. in Schönbrunn keine wesentlichen Arbeiten mehr durchgeführt. Der „biedere" Herrscher, der bewußt kleinbürgerliche Lebensgewohnheiten kultivierte, verbrachte alljährlich einige Sommermonate in diesem Lustschloß, wobei er aufwendige und kostspielige Veranstaltungen vermied. Schönbrunn war vom Kaiser für seinen Enkelsohn Na-

poleon Franz Joseph, dem in den Kongreßakten die kleine böhmische Herrschaft Reichstadt als Herzogtum verliehen worden war, zum Aufenthaltsort bestimmt worden. 1814 hatte man den Dreijährigen mit seiner Mutter Marie Louise nach Schönbrunn gebracht. Im folgenden Jahr, nach der endgültigen Niederlage, verzichtete Napoleon zugunsten seines Sohnes auf den Thron, den indes ein Bourbone bestieg. Es bestanden Pläne, den „Aiglon" nach einer österreichischen Erziehung wieder nach Frankreich zurückkehren zu lassen. Die in ihn gesetzten Hoffnungen blieben jedoch unerfüllt. Der kleine Herzog lebte in Schönbrunn, halb Gast, halb Gefangener, in einem Appartement, das schon sein Vater bewohnt hatte, behütet von seinem Erzieher und einem Kammerdiener. Am 22. Juli 1832 starb der kaum einundzwanzigjährige, für manche bereits von Geheimnissen umwitterte Herzog von Reichstadt an der Schwindsucht. Sein Totenbildnis in Büstenform, ein Werk des Bildhauers Franz Klein, ist heute im sogenannten Frühstückszimmer aufbewahrt[104].

In der Regierungszeit Kaiser Ferdinands I. von 1825 bis 1848 gab es in Schönbrunn nur geringfügige Instandsetzungen. Die letzte große und schöpferische Erneuerungsphase des Schloßinneren fällt in die Ära Kaiser Franz Josephs, dessen Person im Bewußtsein des heutigen Betrachters oft mit Schönbrunn identifiziert wird. Die unter ihm vorgenommenen künstlerischen Neuausstattungen sind vorläufig die letzten wesentlichen Veränderungen eines langwierig gewachsenen Baudenkmals. Die erste Welle brachte die Vermählung des jugendlichen Kaisers mit der schönen bayerischen Prinzessin Elisabeth im Jahr 1854. Für das junge Paar sowie für die Eltern des Herrschers, Erzherzog Franz Karl und Erzherzogin Sophie, wurde eine Reihe von Räumlichkeiten adaptiert. Zu diesem Zeitpunkt wurde das Kunstwerk Schönbrunn bereits unter dem Aspekt seiner Historie erneuert. Man hatte sich wieder mit dem Rokoko angefreundet und nahm bei der Erneuerung der Ausstattung darauf Rücksicht. Als man 1869 mit einer durchgreifenden Restaurierung begann, war der Wunsch, das Schloß zu rebarockisieren, noch stärker. Die Wiederherstellung der beiden Galerien und der übrigen Zeremonienräume sowie des Appartements des Kronprinzen im Erdgeschoß überwachte der Obersthofmeister Constantin Prinz zu Hohenlohe-Schillingsfürst. Damals wurden, wie ein Zeitgenosse berichtet, „alle Wand-Decorationen und Möbelstücke, welche sich aus der geschmacklosen Stylepoche des sogenannten premier empire allmählich in störender Menge angehäuft hatten, entfernt und durch vorhandene alte prachtvolle Gobelins und zierliche Rococo Möbels ersetzt und dadurch die Decoration der Innenräume wieder mit dem alten Styl in vollendet künstlerische Harmonie gebracht“[105]. Zwischen 1869 und 1890 wurden in fast allen Räumen Verschönerungen im historisierenden Sinn vorgenommen; ihnen sind wahrscheinlich viele echte Rokokoausstattungen zum Opfer gefallen. Die Erneuerung entsprach einer puristischen Einstellung, die das Schloß in einen den Vorstellungen des späten 19. Jahrhunderts adäquaten Stil zu bringen trachtete.

Das gehobene Bürgertum, das seit den siebziger Jahren erneut nach „Hoffähigkeit“ strebte, ließ sich bei der Ausstattung seiner prunkvollen Villen und Zinspaläste von dem als vorbildlich betrachteten Stil der kaiserlichen Sommerresidenz, dem Schönbrunner Rokoko, leiten. Auch das „Schönbrunner Gelb“ dürfte eine Schöpfung dieser Periode sein[106]; es wurde als authentisch empfundene Fassadenfärbelung von der späthistoristischen Architektur übernommen und wird bis heute besonders bei älteren stattlichen Bauwerken gern verwendet.

Im Jahr 1873 fanden anläßlich der Weltausstellung in Wien noch einmal glanzvolle Festlichkeiten in Schönbrunn statt. Wieder waren zahlreiche ausländische Fürsten gekommen: Zar Alexander II. von Rußland, der deutsche Kaiser Wilhelm I., der belgische König Leopold II., die im Exil lebende spanische Königin Isabella, der italienische König Viktor Emanuel II. und sogar der persische Schah Nassir-eddin. In Schönbrunn wurde, ähnlich wie in den Jahren 1814 und 1815, Weltpolitik gemacht. Am 25. Mai 1873 wurde im Gartenschloß von Franz Joseph I., dem Zaren und Wilhelm I. das sogenannte Dreikaiserbündnis unterzeichnet; der Ort war in Erinnerung an die Heilige Allianz von 1815 gewählt[107].
Kaiserin Elisabeth hatte sich in Schönbrunn nie zu Hause gefühlt: die strenge Anlage des Gartens und die historische Würde der Barockarchitektur entsprachen ihr nicht; sie liebte die lockere Atmosphäre von Laxenburg und dessen herrlichen Naturpark. So wurde das Lustschloß im Lauf der Zeit zum Exil und zur Arbeitsstätte für den immer einsamer werdenden Kaiser. Er saß hier täglich bis zu achtzehn Stunden an seinem Arbeitstisch und erledigte eine unendliche Anzahl von Akten, die für ihn Wirklichkeit bedeuteten. In den letzten Jahrzehnten der Monarchie ist Schönbrunn in wachsendem Maße mit Kaiser Franz Joseph identifiziert worden: das Schloß und der alte Herrscher verwuchsen allmählich zu einem historischen Mythos[108]. Schönbrunn wurde zum Symbol der letzten Periode der Dynastie.
Die Feierlichkeiten waren immer mehr auf die schon legendär gewordene Person des Monarchen konzentriert. 1908, anläßlich des sechzigjährigen Regierungsjubiläums, erschienen noch einmal zahlreiche ausländische Fürsten in Schönbrunn. Am Nachmittag des 1. Dezember traten die jugendlichen Mitglieder des

Erzhauses in vormärzlichen Kostümen auf der Schönbrunner Schloßbühne auf, um dem Kaiser Szenen aus seiner Jugend vorzuspielen[109].
Die Kriegserklärung an Serbien, die den Untergang des alten Reiches einleiten sollte, unterzeichnete der Kaiser am 27. Juli 1914 in der Ischler Villa. Am 21. November 1916, im dritten Jahr des großen Krieges, starb Franz Joseph im Schloß Schönbrunn. Sein Großneffe und Nachfolger Kaiser Karl I. unterschrieb hier am 11. November 1918 jene Erklärung, in der er auf jeden Anteil an den Regierungsgeschäften verzichtete. Am nächsten Tag wurde in Wien vor dem Parlament die Republik ausgerufen.
Schönbrunn wurde 1919 wie die andern hofärarischen Liegenschaften Staatseigentum. In den Nebengebäuden des rasch von allen Hofämtern geräumten Schlosses quartierten sich verschiedene Institutionen ein, wie der Kriegsgeschädigtenfonds oder der Sozialdemokratische Reichsverein „Freie Schule - Kinderfreunde". Im Schloßtheater wurden gelegentlich öffentliche Aufführungen veranstaltet, bis es dann 1928 über Anregung Max Reinhardts der Akademie für darstellende Kunst als Probebühne überlassen wurde. Der Park wurde allgemeine Erholungsstätte, das Schloß Museum seiner selbst; ein schon im 19. Jahrhundert eingeleiteter Prozeß fand damit seinen Abschluß. Manchmal gab die Bundesregierung in den großen Sälen einen festlichen Empfang, wie etwa am 16. Juli 1928 für die Flieger Köhl, von Hünefeld und Fitzmaurice, die als erste Europäer den Flug über den Atlantik gewagt hatten.
Nach der Okkupation Österreichs im Jahr 1938 wurde die seit 1700 bestehende Schloßhauptmannschaft dem Reichsbauamt und später einer neugeschaffenen „Verwaltung der Schlösser" eingegliedert. Im Fasangarten hinter der Gloriette wurde noch vor Kriegsausbruch eine Kaserne errichtet. Im Zweiten Weltkrieg blieb

auch Schönbrunn nicht verschont. Bei einem Luftangriff am 19. Februar 1945 wurde der Mitteltrakt des Schlosses von einem Blindgänger weit aufgerissen. Zwei Tage später fielen bei einem Großangriff zahlreiche Bomben auf Schönbrunn. Damals wurden mehrere Nebengebäude sowie die Gloriette, das Große Palmenhaus und die Menagerie schwer getroffen; der Park war von Bombentreffern übersät. Nach dem Krieg quartierte sich die britische Besatzungsmacht im Schloß ein. Die sogleich begonnene Behebung der Kriegsschäden war um 1955 im wesentlichen abgeschlossen. So bot das Schloß für die historische Begegnung von John F. Kennedy und Nikita S. Chruschtschow am 3. Juni 1961 wieder einen würdigen Rahmen.

In den letzten Jahrzehnten wurden im gesamten Schönbrunner Bereich verschiedene Sanierungen und Adaptierungen vorgenommen. Die historische Baugestalt blieb dabei fast überall erhalten. Die naturwissenschaftlichen Traditionen Schönbrunns werden weiterhin gepflegt: in der Schloßgärtnerei, die nächst der Orangerie über modernste Anlagen verfügt, aber auch in der Forstlichen Bundesversuchsanstalt und der Gartenbauschule im Großen Fasangarten. Der Tiergarten wurde erweitert und die Tierhaltung verbessert. Alljährlich besuchen Millionen Menschen Schloß und Park. Schönbrunn ist noch immer ein anziehender Ort. Machtanspruch und höfischer Glanz sind mit der Monarchie versunken, geblieben ist ein zeitloses Denkmal hoher Kultur.

ANMERKUNGEN

1 A. Ilg, *Die Fischer von Erlach,* I. Leben und Werke Joh. Bernh. Fischers von Erlach des Vaters, Wien 1895, S. 262 ff.

2 *Österreichische Kunsttopographie,* Bd. II. Die Denkmale der Stadt Wien (XI.—XXI. Bezirk), Wien 1908, S. 101 ff.; O. Raschauer, Schönbrunn, eine denkmalkundliche Darstellung seiner Baugeschichte. Der Schloßbau Kaiser Josephs I., in: *Studien zur Österreichischen Kunstgeschichte,* Bd. II, Wien 1960. Ein zweiter Band — die Baugeschichte in der Theresianischen Zeit — konnte wegen des frühzeitigen Todes des Autors nicht mehr erscheinen, obwohl das Material bereits sorgfältig zusammengetragen war.

3 J. Glaser, *Schönbrunner Chronik, Versuch einer bau- und wohngeschichtlichen Dokumentation über 4 Jahrhunderte, 1569—1969,* Wien 1969

4 Sämtliche Quellenzitate in den ersten Kapiteln sind, wenn keine anders lautende Anmerkung vorhanden, dem Buch Raschauers (Anm. 2) entnommen.

5 V. Bibl, Die Kulturblüte Wiens und seiner Umgebung unter Kaiser Maximilian II., in: *Monatsblätter des Vereins für Landeskunde von Niederösterreich,* 1918, S. 139 ff.

6 Becker, Die letzten Tage und der Tod Maximilians II., in: *Blätter des Vereines für Landeskunde von Niederösterreich* (11), S. 313; vgl. Bibl (Anm. 5) S. 152. Der Kaiser starb am 12. Oktober 1576 in Regensburg.

7 K. Gutkas, Maximilian II., in: Katalog *„Renaissance in Österreich“,* Schallaburg 1974, S. 368 f.

8 Sämtliche Werke, Bd. VII, S. 48, vgl. Bibl (Anm. 5) S. 141

9 J. G. Wiedemann, *Mahlerische Streifzüge durch die in-*

teressantesten Gegenden um Wien, Wien 1805 f. J.; vgl. Raschauer (Anm. 2) S. 23

[10] G. Loesche, *Geschichte des Protestantismus im vormaligen und im neuen Österreich,* Wien 1930, S. 35, Anm. 4

[11] So H. Sedlmayr, *Johann Bernhard Fischer von Erlach,* Wien-München 1956, S. 31 ff.; eine andere Deutung vertritt H. Aurenhammer, *J. B. Fischer von Erlach,* London 1973, in dem er die Verherrlichung der Kontinuität des Hauses Habsburg in den Vordergrund stellt.

[12] Raschauer (Anm. 2) S. 42

[13] G. Kunoth, Die „Historische Architektur" Fischers von Erlach, in: *Bonner Beiträge zur Kunstwissenschaft,* Bd. 5, Düsseldorf 1956, S. 120

[14] Sedlmayr (Anm. 11) S. 32, wollte in der Wahl dieses Ortes sogar schlechthin eine „deutsche" Idee erblicken, eine neue Ausdrucksform barocker Machtentfaltung.

[15] R. Josephson, Les maquettes du Bernin pour le Louvre, in: *Gazettes des Beaux Arts,* 1928 (17), S. 77 ff. bzw. S. 88

[16] R. Wittkover, Art and Architecture in Italy from 1600 to 1750, in: *Pelican History of Art,* 1965², S. 153

[17] W. Beyer, *Die Neue Muse oder der Nationalgarten,* Wien 1784, S. 13, Taf. XI

[18] H. Fillitz, Die Kollegienkirche in Salzburg, ihr Verhältnis zur römischen Architektur des 17. Jahrhunderts, in: *Wiener Jahrbuch f. Kunstgeschichte,* 1972 (25) S. 261

[19] Fischer hat bei der Abbildung antiker Bauten meist ältere Stichvorlagen verwendet, die er nur revidiert oder verschönert hat.

[20] Kunoth (Anm. 13) S. 121: „Persepolis und Isfahan liegen für einen Baumeister, der Autor einer Weltgeschichte der Architektur ist, nicht weiter, sondern näher als Versailles, das er mit ihrer Hilfe übertreffen will."

[21] N. Pevsner, Möglichkeiten und Aspekte des Historismus, Versuch einer Frühgeschichte und Typologie des Historismus, in: *Historismus und bildende Kunst,* München 1965, S. 17

[22] Vgl. hiezu R. Wagner-Rieger, Das Verhältnis Johann Bernhard Fischers von Erlach zur Österreichischen Architektur, in: *alte und moderne kunst,* 1958 (4), S. 12 ff.;

R. Feuchtmüller, *Das Neugebäude,* Wiener Geschichtsbücher, Bd. 17, Wien 1976, S. 36ff.

23 Aurenhammer (Anm. 11) S. 50f.; außerdem E. Hubala, Schleissheim und Schönbrunn, in: *Kunstchronik,* 1957 (10) S. 349f. In dieser letzteren Arbeit wurde festgestellt, daß es sich „beim Schönbrunner System offenbar um die Neuformulierung einer cinquecentesken Lösung" handelt (z. B. Senatorenpalast von Rom oder Bauwerke von Palladio und Scamozzi), und daß sich die Vorstufen bzw. Vergleichsbeispiele für diese Weiterentwicklung der Ideen aus dem 16. Jh. im 17. Jh. sowohl in Frankreich als auch in Italien finden. Man denke an das Hôtel Louvais in Paris, an den endgültigen Entwurf Perraults für die Ostfassade des Louvre, an die Fassadengestaltung der Place Royale in Marseille von P. Puget und der Place Vendôme in Paris von J. H. Mansart. In Italien sind mit Schönbrunn der Palazzo Chigi Berninis und Pietro Cortonas Entwurf für die Piazza Colonna in Rom vergleichbar.

24 *Leopolds des Großen Röm. Keysers wunderwürdiges Leben und Thaten,* 3. Aufl., 1713. Diese Feststellung fiel zwar im Laufe der Bauarbeiten nach einem veränderten Projekt, könnte sich jedoch auch auf das erste Projekt beziehen, das zu dieser Zeit sicherlich nicht in Vergessenheit geraten war.

25 Sedlmayr vertrat die Ansicht, daß der Gedanke, auf österreichischem Boden ein „deutsches Versailles" zu errichten, wahrscheinlich von Fischer selbst stammte und eines Leibniz würdig war. Leibniz' eklektischer Universalismus könnte auf Fischers künstlerische Ansichten einen gewissen philosophischen Einfluß ausgeübt haben, obwohl ein unmittelbarer Zusammenhang bis jetzt noch nicht nachgewiesen werden konnte. Vgl. F. Heer, Weltbaukunst, Die europäische Stunde des G. W. Leibniz und J. B. Fischer von Erlach, in: *alte und moderne kunst,* 1957 (2) S. 5ff.

26 Die Lösung bauorganisatorischer Probleme erhellt wichtige Fragen der Architekturgeschichte. Das so entscheidende Verhältnis zwischen Bauherrn und Künstler kann

nur durch eine Untersuchung der Organisation des Bauwesens klargestellt werden. Die Realisierung eines Kunstwerkes — wenn es um eine großangelegte Architektur wie das Schloß Schönbrunn geht — konnte gegenüber der ursprünglichen Idee des Architekten grundsätzlich verändert werden, und selbst die Idee war von Anfang an von der Berücksichtigung äußerer Umstände, die im Laufe der Verwirklichung in steigendem Maße hervortraten, abhängig.
Die Wichtigkeit dieses Problems ist betont bei P. Voit, Tervek, mesterek és a mü (Entwürfe, Meister und das Werk) in: *Müvészettörténeti Ertesitö* (9) 1960, S. 265 ff.; vgl. auch ders., *Barock in Ungarn,* Budapest 1971, S. 73 ff.

27 K. Bielohlawek, Schönbrunn, Ein Beitrag zur Geschichte seines Baues und seiner formalen Erscheinung, in: *Jahrbuch des Kunsthistorischen Institutes,* Bd. 14, 1920 (Wien 1922), Beiblatt, S. 33

28 L. Pühringer-Zwanowetz, Unbekannte Zeitungsnachrichten zum Wiener Barock, in *Wiener Jahrbuch f. Kunstgeschichte,* 1975, Miszellen, S. 191, 195

29 J. Spöttl, Medaillen auf die Erbauung des Lustschlosses Schönbrunn, in: *Monatsblatt des Alterthumsvereines zu Wien,* April 1888, S. 29 f.

30 E. G. Rinks Biographien der Kaiser Leopold (Anm. 24) und Joseph *(Josephs des Sieghafften Röm. Kaysers Leben und Thaten,* 3. Aufl. 1713), sind für die Baugeschichte Schönbrunns besonders wertvoll (vgl. Bielohlawek, Anm. 27). Seine Feststellungen erklären den Hinweis auf den französischen „roi soleil".

31 K. Garas, Ein unbekanntes Hauptwerk Sebastiano Riccis, in: *Pantheon* (20) 1962, S. 235 ff. Pascolis zeitgenössische Angabe, daß der Maler von Joseph nach Wien berufen wurde, um hier verschiedene Arbeiten zu leisten, von denen die in Schönbrunn zu den wichtigsten gehöre, hat sich als richtig erwiesen.

32 Raschauer (Anm. 2) S. 104

33 *Johann Basilii Küchelbeckers Allerneueste Nachricht vom Römisch Kaiserlichen Hofe in Wien,* Hannover 1730, S. 807

[34] Das Gemälde befindet sich in einem Raum der Schloßhauptmannschaft von Schönbrunn und trägt die Inschrift: „J. G. H. Hamilton fec. Peintre du Cabinet de Son M. I. et Catholique 1732".

[35] B. Pohl, *Das Hofbauamt,* Phil. Diss. Wien 1968, S. 37

[36] F. Röhrig, *Klosterneuburg,* Wiener Geschichtsbücher, Bd. 11, Wien 1972, S. 75 ff.

[37] Glaser (Anm. 3) S. 35

[38] J. J. Khevenhüller-Metsch, *Aus der Zeit Maria Theresias,* Tagebücher, chronologisch geordnet, hrsg. Wien 1907

[39] A. Arneth, *Geschichte Maria Theresias,* Bd. X, Wien 1879; vgl. Pohl (Anm. 35) S. 70

[40] Bielohlawek (Anm. 27) S. 47, Abb. 15

[41] E. Silva-Tarouca, *Der Mentor der Kaiserin,* Wien 1960, S. 229

[42] Glaser (Anm. 3) S. 37

[43] J. Schmidt, *Die Alte Universität in Wien und ihr Erbauer Jean Nicolas Jadot,* Wien 1929, S. 92

[44] Glaser (Anm. 3) S. 41 ff.

[45] Reichliches Material zur Baugeschichte Schönbrunns in der theresianischen Epoche findet sich bei J. Fleischer, *Das kunstgeschichtliche Material der geheimen Kammerzahlamtsbücher in den staatlichen Archiven Wiens 1705—1790,* Wien 1932. Die folgenden archivalischen Angaben wurden diesem Werk entnommen.

[46] G. Hajós, Die Kirche Mariä Geburt am Rennweg und der k. k. Schloß- und Bauinspector Thaddäus Adam Karner, in: *Österr. Zeitschrift f. Kunst und Denkmalpflege* (24) 1970, S. 51 f.

[47] 1772 reformierte der neue Generalhofbaudirektor Ernst Graf Kaunitz-Rietberg das Hofbauamt im Sinn einer weiteren Rationalisierung der Bauorganisation. Dagegen protestierte am heftigsten der in Schönbrunn nicht mehr tätige Pacassi. Ihm schien es unangebracht, daß in der Hofbaukommission „Fremdlinge in der Civil Bau Kunst", wie z. B. der Hofrat von Bolza und der Ingenieur Brequin, der 1754 den Schönbrunner Garten vermessen hatte, Sitz und Stimme erhielten. Der Architekt würde auf diese Weise langsam seine „Ehr und Reputation" vor den

Augen der Welt verlieren, meinte Pacassi, wenn Leute, die Universitäten und Akademien nicht besucht haben, die Kosten bestimmten und vor allem den Bau „dirigieren". „Bey jedem Gebäude in der Welt", erklärte er weiters, sei der Architekt die erste Hauptperson und „wird von darumen mit Ehren belohnet, und gut gehalten, weilen von ihme die Sicherheit und Zierde des Gebäudes und die dabey furgehende Wirtschaft abhanget". In der neuen Baukommission dagegen würde er „als eine Neben-Sache und Subordinirte Persohn angesehen". Vgl. Pohl (Anm. 35) S. 50 ff.

48 Zur allgemeinen Problematik und Periodisierung vgl. H. R. Hitchcock, *Rococo Architecture in Southern Germany,* London (Pelican History of Art) 1968

49 H. Sedlmayr, Das Gesamtkunstwerk, in: Katalog *„Europäisches Rokoko",* München 1958, S. 26 ff.

50 O. Raschauer, *Geschichte der Innenausstattung Schönbrunns,* Phil. Diss. Wien 1926; derselbe, Zur Geschichte der Ausstattung des Schlosses Schönbrunn zur Zeit Maria Theresias, in: *Festschrift Strzygowski,* Klagenfurt 1932, S. 137 ff.

51 Glaser (Anm. 3) S. 86

52 A. Strobl, *Der Wandel in den Programmen der österreichischen Deckenfresken seit Gran und in ihrer Gestaltung,* Phil. Diss. Wien 1950, S. 68 ff.; K. Garas, Gregorio Guglielmi, in: *Acta Hist. Artium,* Budapest 1963, S. 276 ff.

53 F. Windisch-Graetz, Gold, Stuck und edle Hölzer, zur Dekoration der Innenräume in Schönbrunn, in: *alte und moderne kunst* (3) 1958, Heft 5, S. 4 ff.

54 J. W. v. Goethe, *Winckelmann und sein Jahrhundert,* Tübingen 1805, S. 282 f.; C. Justi, *Winckelmann,* Bd. II, S. 310 f.

55 E. Köllmann, Chinoiserie, in *Reallexikon zur deutschen Kunstgeschichte,* Bd. III (Stuttgart 1954), S. 439 ff.; außerdem R. Goebl-Herzog, *Die Codices des Franz Anton Graf Harrach,* Phil. Diss. Wien 1973, S. 218

56 J. Strzygowski - H. Glück, *Die Indischen Miniaturen im Schlosse Schönbrunn,* Wien 1923

57 Glaser (Anm. 3) S. 84 f.

[58] Ebenda, S. 85

[59] Ebenda, S. 87 f.

[60] E. Leisching, Theresianischer und Josephinischer Stil, in: *Kunst und Kunsthandwerk,* 1912, S. 500

[61] P. Otto, *Johann Bergl,* Phil. Diss. Wien 1964

[62] Vgl. P. Pötschner, Der Ofen in Baumgestalt aus dem Hetzendorfer Beethovenhaus, in: *alte und moderne kunst,* (14), Nr. 102, 1969, S. 19 ff.

[63] J. Schmidt, Voltaire und Maria Theresia, Französische Kultur des Barock in ihren Beziehungen zu Österreich, in: *Mitt. des Vereins f. Geschichte der Stadt Wien,* 1931, S. 88

[64] B. Lisholm, *Martin van Meytens d. y.,* Malmö 1974, S. 133 ff.

[65] D. Frey, K. Kobald, F. Herterich, *Das Schönbrunner Schloßtheater,* Wien 1924; O. Deleglise, *Das Schönbrunner Schloßtheater,* Wien 1947, S. 5 ff., 17 ff. und 48 ff.

[66] Hohenbergs Aufgabe war es, das Interieur neu zu dekorieren. Dafür hat er seine Risse gemacht und wahrscheinlich auch die Wandgliederung erneuert bzw. neuvergoldet. Vgl. E. Hainisch, *Der Architekt Johann Ferdinand Hetzendorf von Hohenberg,* Innsbruck - Wien 1949, S. 26 ff.

[67] Hainisch (Anm. 66) bemerkt hierzu, einzig der „Verzicht auf das Sfumato der zarten Übergänge, das gleichsam Brüchigwerden der farbigen Erscheinung, ihre Auflösung in einzelne Flecke von ausgesprochenen Farbtönen" kündige „noch mitten im Ausklingen barocker Art das Anbrechen des Klassizismus an". Es scheint, daß der Architekt zu unangenehmen Kompromissen gezwungen war. In die Stichabfolge von Carl Schütz ließ er daher einen anderen, wahrscheinlich späteren und nicht ausgeführten Entwurf aufnehmen, der schon eindeutig klassizistisches Formengut zeigte.

[68] E. Oberhummer, Eine Karte der Umgebung Wiens unter Maria Theresia, in: *Jahrbuch für Landeskunde von Niederösterreich,* (26) 1936, S. 158 ff.

[69] W. Pillich, Jean Trehet, ein französischer Künstler im

Dienst des Wiener Hofes, in: *Jahrbuch des Vereins für Geschichte der Stadt Wien,* (12) 1955—56, S. 136ff.

70 Kunoth (Anm. 13) S. 125f.

71 L. Hautecoeur, *Les jardins des Dieux et des Hommes,* Paris 1959, S. 148ff.

72 Siehe Abb. 13

73 Beispielsweise von D. Hennebo - A. Hoffmann, *Geschichte der Deutschen Gartenkunst,* Bd. II, Hamburg 1965, S. 205

74 Vgl. Schmidt (Anm. 63)

75 Hainisch (Anm. 66) S. 34ff.

76 Außerdem mögen Hohenberg Idealentwürfe von Piranesi und frühklassizistische Anlagen von Peyre und Neufforge vorgeschwebt sein. Vgl. R. Wagner-Rieger, Geschichte der Architektur in Wien. Vom Klassizismus bis zur Secession, in: *Geschichte der Stadt Wien,* N.R. Band VII/3, Wien 1973, S. 88ff.

77 Feuchtmüller (Anm. 22) S. 39, Hainisch (Anm. 66) S. 37. Man hat in diesem Zusammenhang wohl mit Recht auf die geistige Verwandtschaft verwiesen, die zwischen der Architektur der Spätrenaissance (Palazzo del Tè, Palladianische Brücken) und der Stilauffassung Hohenbergs besteht, dessen Klassizismus von der Stilperiode des 16. Jahrhunderts stark beeinflußt wurde.

78 Hainisch (Anm. 66) S. 11

79 Eine nähere Untersuchung dieses merkwürdigen Beispiels des „Ägyptisierens" steht noch aus. Vgl. hiezu E. Hubala, Egypten, in: *Reallexikon der Deutschen Kunstgeschichte,* Bd. IV (1958) S. 750ff.; W. Pehnt, Der Orient und die Architektur des 19. und 20. Jhs., in: *Weltkulturen und moderne Kunst,* Katalog der Ausstellung in München, 1972, S. 47ff.; N. Pevsner, Egyptian Revival, Die Wiederentdeckung Ägyptens, in: *Architektur und Design,* München 1971, S. 184

80 Hainisch (Anm. 66) S. 40

81 J. Oehler, *Beschreibung des kaiserlichen Lustschlosses Schönbrunn und des dabey befindlichen Gartens,* Wien 1805

82 M. Poch-Kalous, Wiener Plastik im 19. Jh., in: *Ge-*

schichte der Stadt Wien, Neue Reihe, Bd. VII/1, Wien 1970, S. 172ff.

83 J. Dernjac, *Zur Geschichte von Schönbrunn,* Wien 1885; hier wird diese historische Phase des Gartens mit archivalischer Genauigkeit bearbeitet.

84 A. Riegl berichtigt in seiner Rezension des Buches von Dernjac (Anm. 83) dessen unobjektive Darstellung der künstlerischen Qualitäten Beyers aus eben diesen Gründen, in: *Mitteilungen des Instituts für Österreichische Geschichtsforschung,* 1885 (6), S. 661ff. Beyers Mitarbeiter waren die Bildhauer Roman Anton Boos, Johann Martin Fischer, Anton Grassi, Joachim Günther, Johann Baptist Hagenauer, Benedikt Henrici, Veit Königer, Ignaz Platzer, Leonhard Posch, Philipp Jacob Prokop, Jacob Schletterer, Josef Weinmüller, Franz Zächerle und Franz Anton Zauner.

85 Hiezu H. Lamnek, *Der Bildhauer J. Chr. F. Wilhelm Beyer,* Institutsarbeit an der Akademie der Bildenden Künste, Wien 1961, S. 12ff.

86 Oehler (Anm. 81) S. 58

87 I. Wegleiter, *J. B. Hagenauer,* Phil. Diss. Wien 1952

88 Wilhelm Beyer hat die Gefühle, die ihn und seine Bewunderer beseelten, 1784 in dem Werk „Die Neue Muse oder der Nationalgarten" (siehe Anm. 17) formuliert. In dem Kapitel „Über die Heiligen Haine der alten Deutschen", schreibt der Autor: „Für diese Scenen suchten wir die dem Elisium gerade entgegengesetzte Plätze, die von hohen und dichtbelaubten Bäumen dunkel und finster sind. Diese schmückten wir dann mit Werken, die nicht zu viel Kunst erforderten und doch ihrer Bedeutung entsprechen müßten... Die Neue Muse fände hier ein weites Feld, und könnte sich durch die manigfältigsten Szenen rühmlich auszeichnen. Bey dergleichen heiligen Hainen hat die Kunst keine Schranken. Alles gehört in ihr Gebiet. Selbst Denkmäler aus den ältesten Zeiten, und in dem besten römischen Stil fänden hier ihren Platz." Vgl. auch W. Beyer, *Statuen und Wasserspiele in dem kais. kön. Lustgarten zu Schönbrunn aus Marmor gebauen,* Wien 1778

[89] A. Arneth, *Maria Theresia und Marie Antoinette — Ihr Briefwechsel,* Wien 1866, S. 79 (Brief XXXI, 3. März 1773, wörtlich: „vous savez que l'empereur n'aime pas Schönbrunn, et à mon âge il serait ridicule de commencer un tel ouvrage"; siehe auch K. Kobald, *Schloß Schönbrunn,* Wien 1924, S. 30

[90] O. Raschauer, Die Orangerie zu Schönbrunn, in: *Österr. Zeitschrift für Kunst und Denkmalpflege,* 1958, S. 21 ff.

[91] Die meisten Zitate und Angaben über die Botanik in Schönbrunn sind dem Buch von E. M. Kronfeld, *Park und Garten von Schönbrunn,* Wien 1923, entnommen.

[92] H. W. Reichardt, Der k. k. Hof-Pflanzengarten zu Schönbrunn, in: Q. Leitner, *Monographie des kaiserl. Lustschlosses Schönbrunn,* Wien 1875, S. 21 f.

[93] Glaser (Anm. 3) S. 99

[94] A. McLaren Young / A. M. Doak, *Glasgow at a Glance,* 1971, Abb. 48; R. Zeitler, *Die Kunst des 19. Jahrhunderts,* Propyläen Kunstgeschichte, XI, 1966, S. 366

[95] W. Fiedler / U. Giese, Die Menagerie und der Botanische Garten des Prinzen Eugen im Belvedere, in: *Sonderheft der Mitteilungen der Österr. Galerie zur 300. Wiederkehr des Geburtstages des Prinzen Eugen,* Wien 1963, S. 143; U. Giese, *Wiener Menagerien,* Wien 1962

[96] Schmidt (Anm. 43) S. 92 f.; R. Wagner-Rieger, *Das Haus der Österr. Akademie der Wissenschaften,* Wien - Köln - Graz 1972, S. 41

[97] J. Brachetka, *Schönbrunn und sein Tiergarten,* Wien 1947

[98] Glaser (Anm. 3) S. 45

[99] H. L. Mikoletzky, *Österreich, Das entscheidende 19. Jahrhundert,* Wien 1972, S. 145 f.

[100] Bielohlawek (Anm. 27) S. 66 ff.

[101] Mikoletzky (Anm. 99) S. 195

[102] Bielohlawek (Anm. 27) S. 70; Glaser (Anm. 3) Abb. 17

[103] *Revolutionsarchitektur,* Katalog, Baden-Baden 1971^{2}, S. 35; Zu Nobile vgl. R. Wagner-Rieger, *Wiens Architektur im 19. Jh.,* Wien 1970, S. 83 ff.

[104] A. Barthélemy, *Le fils de l'homme,* Paris 1829; V. Hugo, *Napoléon II.,* Paris 1832; S. Krasa-Florian, Franz Klein, ein Wiener Bildhauer des Klassizismus, in: *Mitt. d.*

Österr. Galerie (14) 1970, S. 130f., Anm. 23, und Glaser (Anm. 3), S. 86

105 Leitner (Anm. 92) S. 11

106 Untersuchungen im Jahr 1972 brachten an Schloß Schönbrunn eine ganz andere ursprüngliche Färbelung zutage, nämlich eine gelblich-rosa Pilasterordnung auf taubengrauen Flächen (Bericht von Dr. Manfred Koller, Bundesdenkmalamt).

107 Mikoletzky (Anm. 99) S. 452

108 E. Bagger, *Franz Joseph, eine Persönlichkeitsstudie,* Zürich - Leipzig - Wien 1927

109 E. C. C. Corti / H. Sokol, *Der alte Kaiser, Franz Joseph I. vom Berliner Kongreß bis zu seinem Tode,* Graz - Wien - Köln 1955, S. 333f.

ERKLÄRUNG DER BILDTAFELN

1 Plandarstellung von Schloß und Park Schönbrunn mit der unmittelbaren Umgebung im Jahr 1754. Die Nebengebäude bestehen großteils schon, wenn auch sicherlich nur zum Teil ausgebaut. Der Lustgarten erscheint fast vollendet, doch fehlt noch jegliche Gartenarchitektur, und die „Schneise" am Schönbrunner Berg ist leer. In der Mitte des Gartenparterres das auf Fischer zurückgehende Sternbassin. Links und rechts vom Schloß die Kammergärten; die linke Diagonalallee führt nur bis zum Rondeau, am Ende der rechten die kreisförmige Menagerie; nördlich davon (auf dem heutigen Palmenhausareal) der Holländische Garten. Vor dem Schloß das von mehreren Gerinnen durchzogene breite und zerklüftete Bett des Wienflusses, von dem etwa auf der Höhe des Auhofs ein Mühlbach abzweigt, der bei Maria Hietzing in den Park eintritt, unterhalb des Kammergartens weiterfließt, in der Nähe des Schlosses in einem unterirdischen Kanal verschwindet, beim Meidlinger Tor die Königliche Mühle treibt und schließlich in den Wienfluß zurückfällt. Dieser Mühlbach, der auch zur Bewässerung des Parks verwendet wurde, ist erst 1849 wegen des „abscheulichen Geruches" aufgelassen worden.

Ausschnitt aus *Carte des environs de Schönbrunn et ceux de Laxenburg, levée en Novembre et Décembre MDCCLIV et Avril MDCCLV par Ordre de Sa Majesté Imperiale et Royale.* Farbig getönte Tuschzeichnung von Jean Brequin de Demange, auf sechs Blättern, insgesamt 110 : 222 cm (Kartensammlung der Österreichischen Nationalbibliothek).

2 Prospekt des ersten Projekts für Schloß Schönbrunn. Siehe hiezu S. 17ff. Auf dem rechten Brunnen im Par-

terre ist Apollo als Pythontöter dargestellt, der andere Brunnen zeigt (so wie der 1690 entstandene Krautmarktbrunnen in Brünn) Europa und Herkules, der den Zerberus bändigt. Herkulesgestalten schmücken auch die Sockel der Trajansäulen am Eingang, während Apollo in der Quadriga über dem Schloß ein zweitesmal erscheint.

Kupferstich von Johann Adam Delsenbach nach einer Zeichnung von Johann Bernhard Fischer von Erlach, Tafel 2 des 4. Buches der „Historischen Architektur" („einige Gebäude von des Autoris Erfindung und Zeichnung"), 1721.

3 „Prospect deß Neuen Gebäu und Gartens Schönbrunn" etc. Siehe hiezu S. 27 ff. Den Eingang flankieren nun Obelisken, die mit vier gekrönten Herrschern geschmückt sind, die jedoch niemals zur Aufstellung gelangten. Die den Ehrenhof umgebenden niederen Gebäude werden in einem Grundriß von Fischers Hand als Stallungen, Remisen und Offiziersquartiere bezeichnet. Die Kolonnaden am Fuß des Berges und das kleine Belvedere an der Stelle der Gloriette wurden nie ausgeführt.

Kupferstich von Johann Ulrich Kraus nach einer vor 1700 entstandenen Zeichnung von Johann Bernhard Fischer von Erlach, Tafel 3 des 4. Buches der „Historischen Architektur", 1721. Die Tafel weicht im Format von den übrigen Blättern dieser Stichfolge ab, sie gehörte ursprünglich zu einem 1701 veröffentlichten „Prospekt des Schlosses Schönbrunn". Eine ähnliche Darstellung, nur mit etwas veränderter Staffage, erschien um 1715 als Tafel 18 in der von J. A. Delsenbach nach Zeichnungen Joseph Emanuel Fischers von Erlach gestochenen Ansichtenfolge „Prospecte und Abriße einiger Gebäude von Wien".

4 Blick auf Schloß Schönbrunn von einer nördlich gelegenen Anhöhe, 1732. Siehe hiezu S. 35 f.

Ausschnitt aus einem Ölgemälde von Johann Georg Hamilton, datiert 1732. Die Vedute bildet den Hintergrund einer stillebenhaften Rebhühnerdarstellung (Kunsthistorisches Museum, Wien).

5 Ansicht des Schlosses Schönbrunn vom Wienflußufer, nach dem Dachumbau zwischen 1735 und 1737. Siehe hiezu S. 37. Das Gartenparterre ähnelt der Darstellung Fischers (Abb. 3), der Berghang ist hingegen anders gestaltet: auf der Höhe befindet sich nun ein ziemlich großes Belvedere mit steilem Dach und vorgezogenen Seitenflügeln, von denen langgezogene Bauten (Kolonnaden) zur Ebene herabführen. Die Schneise ist durch Kaskaden und Bassins belebt. Es handelt sich vermutlich um die Wiedergabe eines unausgeführten Projektes.

Kupferstich von Thomas Bohacz nach einer Zeichnung von Johann Georg Jungmann, aus dem Werk von P. Antonius Gropper, *Tempe Regia Mariae Theresiae Augustae,* Wien 1744 (Wiener Stadtbibliothek).

6 „Prospect des Kaysl. Königl. Sommer- und Lustschloß Schönbrunn, wie solche gegen Mitternacht anzusehen" etc. Ansicht im Jahr 1749 nach den Umgestaltungen Nicolaus Pacassis. Siehe hiezu S. 39ff. Schloß und Nebengebäude erscheinen weitgehend vollendet. Das Ufer des Wienflusses ist befestigt und überhöht. Die Obelisken am Eingang sind (wie in der Darstellung Hamiltons, Abb. 4) mit Herkulesstatuen geschmückt. Der Garten ist nun dicht mit Bäumen besetzt. Die links und rechts vom Schloß wegführenden Laubengänge mit den Treillage-Pavillons sind jedoch erst Jahrzehnte später entstanden (zumindest in ihrer heutigen Gestalt), und die reiche architektonische Gestaltung des Berghanges mit Treppen, Terrassen und einem monumentalen Bauwerk mit halbkreisförmig vorgezogenen Seitenflügeln ist in dieser Form nie Wirklichkeit geworden. Demnach sind in diese Ansicht also auch Projekte — wahrscheinlich von Pacassi — miteinbezogen.

Ausschnitt (Mittelstück) aus einem Kupferstich von Georg Nicolai, 1749.

7 Schloß Schönbrunn vom Ehrenhof, am 16. August 1759. Kaiserin Maria Theresia empfängt auf dem Balkon vor

ihren Gemächern im Ostflügel die vom Grafen Kinsky mit zwanzig Postillons überbrachte Nachricht von Laudons Sieg bei Kunersdorf über Friedrich II. am 12. August 1759.

Ölgemälde von Bernardo Bellotto, genannt Canaletto, bezeichnet *XVI. Augusti Anno M.D.C.C.LIX. Prusso caeso ad Francofurtum ab exercitu Russo-Austriaco* (Kunsthistorisches Museum, Wien).

8 Schloß Schönbrunn vom Garten, 1759. Das Gartenparterre noch in der älteren, kleinteiligen Gliederung. Die gärtnerischen Figurationen wechselten damals häufig. Gegenüber dem Mittelrisalit des Schlosses befindet sich noch das wenig später verlegte Sternbassin Fischers. Der Baumbestand im nördlichen Teil des Gartens ist wesentlich älter und geht wohl noch auf die Pflanzungen von Jean Trehet zurück. Die Gartenfront des Schlosses hat seither verschiedene Veränderungen erfahren (siehe S. 48 f. und 97 f.).

Ölgemälde von Bernardo Bellotto, genannt Canaletto (Kunsthistorisches Museum, Wien).

9 Kaiserin Maria Theresia bei der Verleihung des nach dem Sieg bei Kolin im Jahr 1757 gestifteten Maria-Theresien-Ordens. Neben der Kaiserin ihr Gemahl Franz Stephan von Lothringen. Die apotheotische Darstellung entbehrt nicht realistischer Züge. Siehe hiezu S. 53 f.

Ausschnitt aus dem mittleren Deckengemälde in der Großen Galerie von Schloß Schönbrunn, Fresko von Gregorio Guglielmi, datiert 1761.

10 Joseph II. als Kronprinz am Wochenbett seiner ersten Gemahlin Isabella von Parma. Isabella hatte am 20. März 1762 eine Tochter geboren, die den Namen Maria Theresia erhielt. Die Kleine wird soeben von einer Zofe mit Brei gefüttert, dahinter wohl die kaiserliche Aja (Kinderfrau). Erzherzogin Marie Christine,

der wir diese intime Darstellung aus dem höfischen Leben verdanken (siehe hiezu S. 58), war mit Isabella innig befreundet und führte mit ihr einen regen Briefwechsel. Isabella starb 1763, die kleine Maria Theresia 1770.

Gouache, signiert auf dem Kamin *Maria fecit 1762*. Das Bild befindet sich im sogenannten Schreibzimmer von Schloß Schönbrunn.

11 Aufführung der Oper *Il parnasso confuso* am 24. Januar 1765 im Zeremoniensaal von Schloß Schönbrunn anläßlich der Vermählung des Kronprinzen Joseph mit seiner zweiten Gemahlin, Maria Josepha von Bayern. Siehe hiezu S. 67. Auf der Bühne die Erzherzoginnen Amalie, Elisabeth, Josepha und Carolina, im Orchester Erzherzog Leopold, der spätere Kaiser Leopold II., der vom Cembalo aus dirigiert. Im Zuschauerraum die Hofgesellschaft, in der ersten Reihe das Herrscherpaar, Kronprinz Joseph und seine Gemahlin und andere Familienmitglieder. An der Wand des Zeremoniensaales, der heute verändert erscheint, sind große Schlachtenbilder aufgehängt, nach denen der Raum auch „Bataglien-saal" genannt wurde.

Ölgemälde von Johann Franz Greipel, signiert am Kasten der Baßgeige *peint par Greipel*. Das Gemälde befindet sich mit seinem Gegenstück, welches die Bühne mit den vier Erzherzoginnen zeigt, in der Hofburg im Grünen Salon, dem ehemaligen Arbeitszimmer Josephs II. und jetzigem Arbeitszimmer des Bundespräsidenten (Besitz des Kunsthistorischen Museums, Wien).

12 „Fêtes données à Vienne à l'occasion du mariage de Joseph II. avec Marie Josephine Antoinette de Bavière le 23 Janvier 1765." Ballettszene zu der Serenade *Il trionfo d'amore* von Florian Leopold Gaßmann, aufgeführt am 25. Januar 1765 im Zeremoniensaal von Schloß Schönbrunn durch die kaiserlichen Kinder und Angehörige des Hochadels. In der Mitte die Erzherzoge Ferdinand und Maximilian und die kleine Marie Antoinette, links

die Komtessen Christine und Therese Clary und die Prinzessinnen Christine und Pauline Auersperg, rechts Franz Auersperg, Friedrich Fürstenberg und Joseph und Wenzeslaus Clary.

Kupferstich von Elise Lesueur nach einem anonymen Gemälde aus einer Reihe ähnlicher Darstellungen in den Schauräumen der Wiener Hofburg. Vgl. hiezu Otto Erich Deutsch, Höfische Theaterbilder aus Schönbrunn, in: *alte und moderne Kunst,* (6), Nr. 43, 1961, S. 12 ff. (Theatersammlung der Österr. Nationalbibliothek).

13 Entwurf für die gärtnerische Neugestaltung des Gartenparterres. Das von dem Gärtner Josef Hätzl geschaffene Projekt bezieht sich noch auf das ursprüngliche, auf Fischer von Erlach zurückgehende Gartenparterre mit dem zentral gelegenen Sternbassin. Siehe hiezu S. 72. Wenige Jahre später ist das Gartenparterre in seiner Längserstreckung verdoppelt worden, siehe die folgende Abbildung.

Aquarellierte Zeichnung, um 1748 (Graphische Sammlung Albertina).

14 Plandarstellung des Schönbrunner Lustgartens mit verschiedenen Gestaltungsvorschlägen, insbesondere für den Schönbrunner Berg. Auf der Bergeshöhe ist der Grundriß eines projektierten Aussichtspavillons eingezeichnet. Der Garten entbehrt mit Ausnahme der Menagerie noch jeder architektonischen Ausschmükkung. Siehe hiezu S. 72 ff. und den schematischen Plan S. 75.

Kolorierte Federzeichnung, um 1765 (Graphische Sammlung Albertina).

15 Das erste Projekt Johann Ferdinand Hetzendorfs von Hohenberg zur Gestaltung des Schönbrunner Berges. Siehe hiezu S. 76.

Federzeichnung, bezeichnet *Project zur Verschönerung des Schönbrunner Berges, erfunden von H. v. Hohenberg,* um 1765 (Graphische Sammlung Albertina).

16 Das zweite Projekt Hohenbergs zur Gestaltung des Schönbrunner Berges. Siehe hiezu S. 76 f. Im Gartenparterre sind die Statuen im Gegensatz zu heute frei aufgestellt.

Aquarell, Karl Schütz zugeschrieben, um 1770 (Kupferstichkabinett der Akademie der bildenden Künste, Wien).

17 „Ansicht der Gloriette in dem Hofgarten von Schönbrunn“, wenige Jahre nach ihrer Fertigstellung. Im Vordergrund ein Wasserwagen, der eben aus dem Glorietteteich gefüllt wird.

Kolorierter Kupferstich von Johann Ziegler nach einer Zeichnung von Laurenz Janscha, aus der bei Artaria erschienenen Sammlung Wiener Ansichten, 1785.

18 Die Römische Ruine im Schönbrunner Park. Siehe hiezu S. 78 f.

Aquarellierte Pinselzeichnung (endgültiger Entwurf?) von Johann Ferdinand Hetzendorf von Hohenberg, bezeichnet *Ruine zu Schönbrunn bei Wien,* um 1777 (Graphische Sammlung Albertina).

19 Exotische Landschaftsszenerie. Illusionistische Wandmalerei in einem Erdgeschoßraum des Schlosses Schönbrunn (Goëss-Appartement). Siehe hiezu S. 59.

Temperamalerei auf Leinwand von Johann Bergl, um 1780.

20 Maki, Rentier und Meerkatze, Tierdarstellung aus dem Pavillon der Schönbrunner Menagerie. Siehe hiezu S. 93.

Ölgemälde von Franz Fuxeder (1725—1797), um 1760.

21 „Frühlingsfest an einem Wintertage / gefeyert in der Orangerie zu Schönbrunn den 6ten Febr: 1785.“ Das Blatt trägt ferner die Beschreibung: „a. Ein Theater für die Oper b. Ein Theater für die Comödie.“ Joseph II. gab am 6. Februar 1785 ohne besonderen Anlaß eine Festtafel für 56 durch das Los erwählte Aristokraten; anschließend wurden Schauspiel- und Opernszenen auf-

geführt. Siehe hiezu S. 86, ferner O. E. Deutsch in: *Österr. Musikzeitschrift,* 1954, Heft 2, und 1957, Heft 10.

Kolorierter Kupferstich von Hieronymus Löschenkohl, 1785 (Historisches Museum der Stadt Wien).

22 Festtafel in der Großen Galerie im Schloß Schönbrunn am 8. Juni 1857, anläßlich des 100. Jahrestages der Stiftung des Maria-Theresien-Ordens. Ein Lichtstrahl fällt von rechts (also aus der Kleinen Galerie) über die lebensgroße Statue Maria Theresiens auf den jungen Kaiser Franz Joseph I. und spiegelt sich in der Mitte des Deckengemäldes, wo die Stiftung des Ordens dargestellt ist (siehe Abb. 9).

Ölgemälde von Fritz l'Allemand, vollendet 1862. Ein Gegenstück stellt die Festtafel im Garten dar. Beide Gemälde sind im Schloß Schönbrunn ausgestellt (Besitz des Kunsthistorischen Museums).

23 Vorbeimarsch eines Kaiserjägerregimentes vor Kaiser Franz Joseph im Schönbrunner Park im Herbst 1915. Neben dem Kaiser der Thronfolger Erzherzog Karl Franz Joseph. Das Regiment wurde von der Ostfront an den italienischen Kriegsschauplatz verlegt.

Aus „Unsere Krieger. Bilder aus großer Zeit", Heft 12, 1. Dezember 1915.

Photonachweis: Bundesdenkmalamt (9, 11, 19, 20); Graphische Sammlung Albertina (14); Kunsthistorisches Museum (7, 8); alle übrigen Bildarchiv der Österr. Nationalbibliothek.

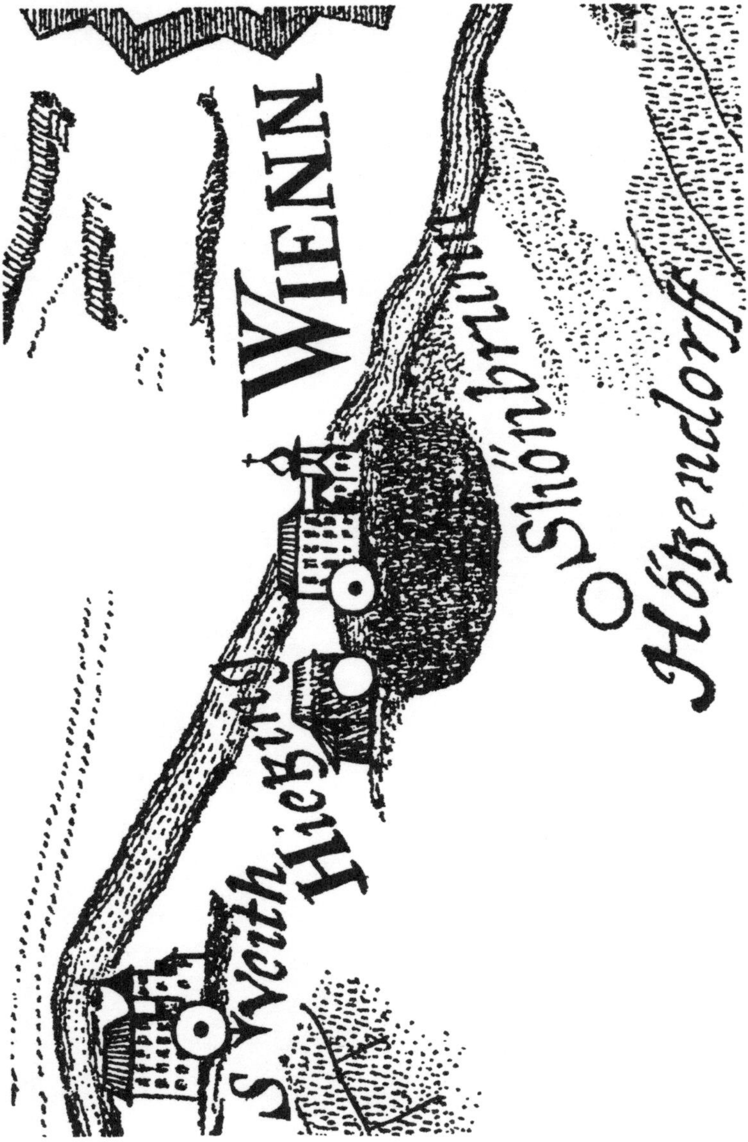

Ausschnitt aus einer Landkarte von Niederösterreich, 1670

1 Schönbrunn und Umgebung um 1754

2 Erstes Projekt für Schönbrunn von Johann Bernhard Fischer von Erlach

3 Das zweite, ausgeführte Projekt Fischers von Erlach

4 Schloß Schönbrunn um 1732

5 Das Schloß um 1744

6 Schloß Schönbrunn nach Pacassis Umbau, 1749

7 Schloß Schönbrunn vom Ehrenhof, 1759

8 Schloß Schönbrunn vom Gartenparterre, 1759

9 Stiftung des Maria-Theresien-Ordens

10 Joseph II. am Wochenbett seiner Gemahlin Isabella

11 Opernaufführung im Zeremoniensaal von Schloß Schönbrunn, 1765

12 Ballettszene mit den kaiserlichen Kindern, 1765

13 Plan zur Gestaltung des Gartenparterres, um 1748

14 Plan zur Gestaltung des Schönbrunner Gartens, um 1765

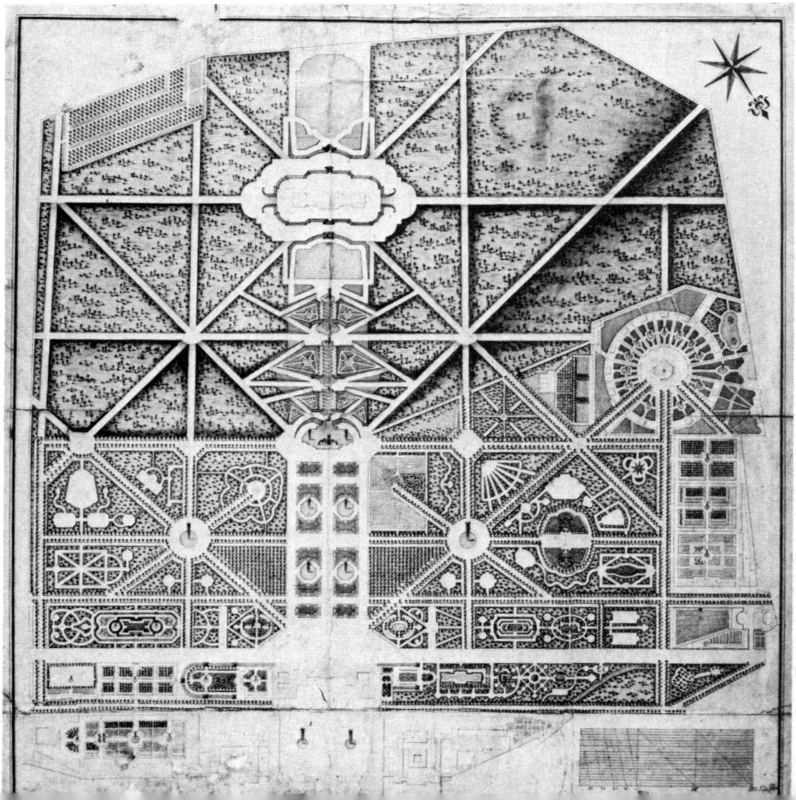

15, 16 Projekte zur Gestaltung des Schönbrunner Berges

17 Die Gloriette in Schönbrunn

18 Die Römische Ruine

19 Exotische Landschaftsszenerie aus den Bergl-Zimmern

20 Tierdarstellungen aus dem Menageriepavillon

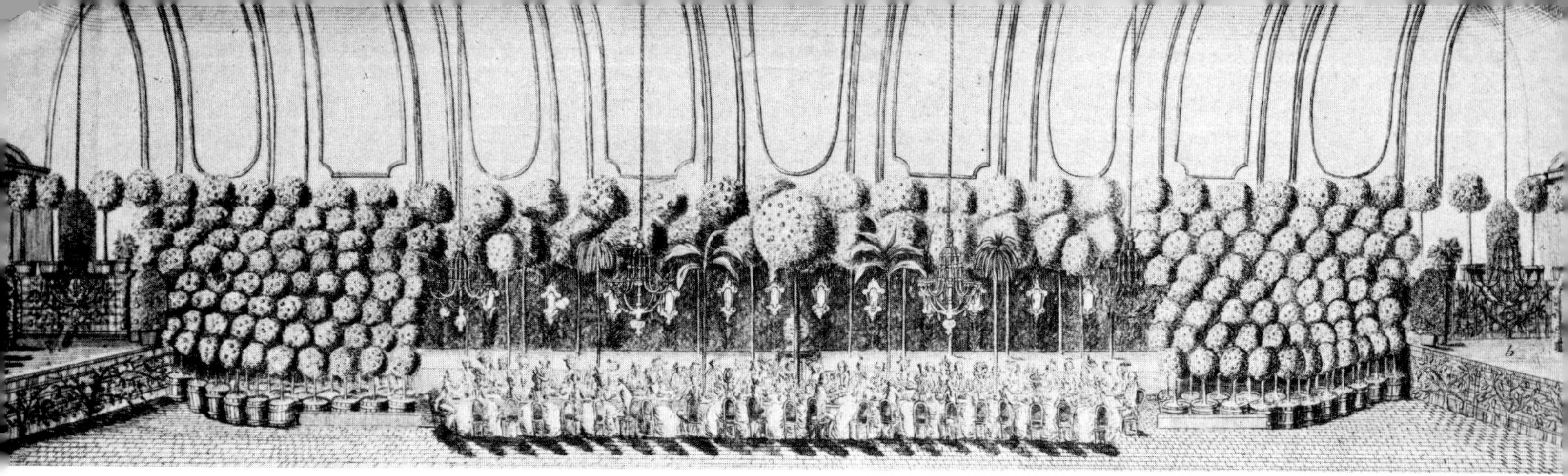

21 Festtafel in der Schönbrunner Orangerie, 1785

22 Festtafel in der Großen Galerie, 1857

23 Truppenparade in Schönbrunn im Herbst 1915